厚生労働省認定教材

厚生労働省認定教材

認定番号	第58465号
改定承認年月日	平成31年2月1日
訓練の種類	普通職業訓練
訓練課程名	普通課程

生産工学概論

独立行政法人 高齢・障害・求職者雇用支援機構
職業能力開発総合大学校 基盤整備センター 編

は　し　が　き

　本書は職業能力開発促進法に定める普通職業訓練に関する基準に準拠し、系基礎学科「生産工学概論」等の教科書として編集したものです。

　作成にあたっては、内容の記述をできるだけ平易にし、専門知識を系統的に学習できるように構成してあります。

　本書は職業能力開発施設での教材としての活用や、さらに広く生産工学分野の知識・技能の習得を志す人々にも活用していただければ幸いです。

　なお、本書は次の方々のご協力により改定したもので、その労に対し深く謝意を表します。

〈監　修　委　員〉
　奥　　　猛　文　　　　職業能力開発総合大学校
　平　野　健　次　　　　職業能力開発総合大学校

〈改 定 執 筆 委 員〉
　淺　田　昭　治　　　　株式会社フレックス
　堀　井　賢　治　　　　ＤＭＧ森精機株式会社

　　　　　　　　　（委員名は五十音順，所属は執筆当時のものです）

平成 31 年 2 月

　　　　　　　　　　　　　　独立行政法人 高齢・障害・求職者雇用支援機構
　　　　　　　　　　　　　　職業能力開発総合大学校 基盤整備センター

目　　次

第1章　生産と工場

第1節　生　　産 ··· 9

　　1　生産の開始 ··· 9

　　2　設　　計 ·· 10

　　3　生産計画 ·· 10

　　4　生産手配 ·· 11

　　5　製　　造 ·· 12

　　6　製品検査 ·· 14

　　7　製品在庫 ·· 14

第2節　工　　場 ·· 15

　　1　製造の分類 ·· 15

　　2　工場の組織 ·· 16

　　3　人（Man） ··· 18

　　4　機械設備（Machine） ······································· 19

　　5　材料（Material） ·· 21

　　6　作業方法（Method） ·· 23

第2章　生産計画と生産統制

第1節　生　産　計　画 ··· 29

　　1　手　順　計　画 ··· 29

　　2　材　料　計　画 ··· 31

　　3　工　数　計　画 ··· 32

　　4　日　程　計　画 ··· 34

　　5　生　産　手　配 ··· 36

—3—

第2節　生産統制 ……………………………………………… 38

　　1　作業分配 ………………………………………………… 38

　　2　作業統制 ………………………………………………… 41

　　3　事後処理 ………………………………………………… 43

第3節　在庫管理 ……………………………………………… 44

　　1　日常業務 ………………………………………………… 44

　　2　在庫管理の考え方 ……………………………………… 47

第3章　工程改善と作業改善

第1節　工程分析 ……………………………………………… 51

　　1　製品工程分析 …………………………………………… 51

　　2　運搬分析 ………………………………………………… 53

　　3　配置分析 ………………………………………………… 55

　　4　ラインバランス分析 …………………………………… 57

第2節　作業動作分析 ………………………………………… 59

　　1　動作分析 ………………………………………………… 59

　　2　時間分析 ………………………………………………… 62

　　3　稼動分析 ………………………………………………… 65

　　4　5S活動 ………………………………………………… 69

第3節　標準時間 ……………………………………………… 71

　　1　作業標準 ………………………………………………… 71

　　2　標準時間 ………………………………………………… 71

第4章　品質保証と品質管理

第1節　品質保証 ……………………………………………… 77

　　1　ISO 9000シリーズ ……………………………………… 77

　　2　JIS ……………………………………………………… 79

3	社 内 標 準 ·················	80
第2節	**品 質 管 理** ··············	83
1	人（作業者）················	83
2	機 械 設 備 ·················	88
3	材料・部品 ··················	89
第3節	**検査と再発防止** ············	92
1	工 程 系 列 ·················	92
2	検　　査 ···················	92
3	検 査 場 所 ·················	93
4	検 査 項 目 ·················	94
5	再 発 防 止 ·················	94

第5章　設備管理と環境保全

第1節	**設 備 投 資** ··············	99
1	設備投資の目的 ···············	99
2	経 済 計 算 ·················	100
第2節	**設 備 保 全** ··············	103
1	設 備 効 率 ·················	103
2	自 主 保 全 ·················	106
3	生 産 保 全 ·················	108
第3節	**設備環境管理** ··············	111
1	労 働 安 全 衛 生 ············	111
2	公 害 防 止 ·················	113
3	環 境 保 全 ·················	114

第6章　製造原価と原価計算

第1節	**製 造 原 価** ··············	121

1 材 料 費	…………………………………………	121
2 労 務 費	…………………………………………	122
3 経 費	…………………………………………	123
第2節 原価計算	…………………………………………	125
1 個別原価計算	…………………………………………	125
2 総合原価計算	…………………………………………	128
3 見積原価計算	…………………………………………	130

第7章 運搬管理

第1節 運搬管理の概要	…………………………………………	135
第2節 運搬機器	…………………………………………	136
1 人力による移動	…………………………………………	136
2 重力・慣性力による移動	…………………………………………	136
3 動力による移動	…………………………………………	137
4 運搬補助具	…………………………………………	140

第8章 職場規律

第1節 就業規則	…………………………………………	143
第2節 常識的な職場規律	…………………………………………	144
1 出勤時, 始業時	…………………………………………	144
2 作 業 中	…………………………………………	144
3 終業時, 退勤時	…………………………………………	144

規格等一覧	…………………………………………	146
索 引	…………………………………………	148

第1章

生産工学概論

生産と工場

第1章　生産と工場

　自然に存在する資源を利用し，社会に必要な物資を提供するのが生産である。工場では人と機械設備が中心となって材料に新しい価値を付け加え，社会に役立つ製品を市場に送り出している（図1－1）。

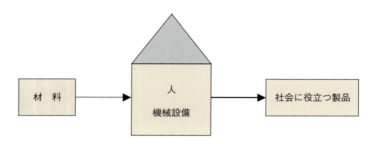

図1－1　生産の意義

第1節 生　産

　受注生産を例にとると，受注活動は，案件の発生に始まり，顧客の要求仕様を把握し，それを，いくらで生産できるかを見積もり（製造原価見積），これに，妥当な利益を考慮した見積書を作成して顧客に提示し，受注を確定させることである。また，顧客との間で請求・回収等の取引条件も取り決めておくことが必須である。

　受注確定とは，工場の負荷状況等を考慮し，顧客に納期の回答を行い，了承を得ることであり，この回答した納期が，受注品を顧客に届ける期日であり，生産計画や出荷計画の基礎情報になる。

　受注確定から出荷に至るまでの「ものづくり」を担当しているのが，生産の仕事である。設計された図面をもとに順次，生産計画→生産手配→製造→製品検査と進み，合格品を出荷して生産の仕事が完了する。その後，請求から回収までは営業の仕事である（図1－2）。

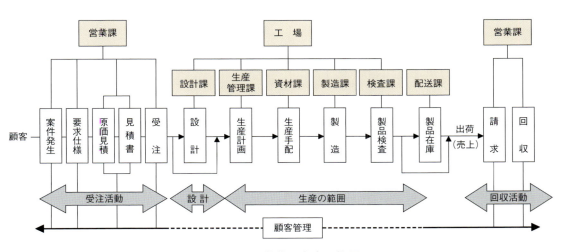

図1－2　営業と生産の範囲

1 生産の開始

　受注生産では受注が決まって生産開始となるが，見込生産では受注に先行して生産が開始される。見込生産は，受注が確定するとすぐに出荷できるよう，あらかじめ生産しておく形

態である（図1-3）。

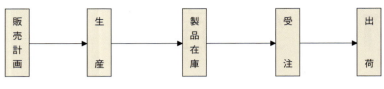

図1-3　見込生産の流れ

2 設　計

　受注が確定すると，顧客が望む製品要件は「要求仕様書」としてまとめられる。設計の仕事は，この要求仕様を実現するために，どのように作るかを具体化することであり，機械工業では，JIS規格に準じて設計図を作成する。
　設計図は，組立図と部品図に分けられ，製品を組み立てるときの部品の一覧を示す部品表と，部品生産に使用する材料一覧表が，図面とともに作成される（図1-4）。
　部品表は，場合によって階層構造（ツリー構造）で表される。

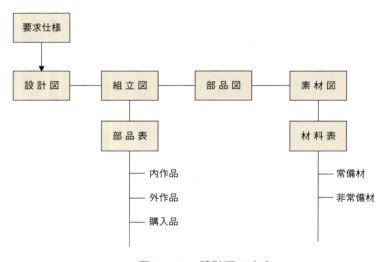

図1-4　設計図の内容

3 生産計画

　設計が完了すると，次は生産計画の立案である。生産計画の目的は，どんな製品を，どのような方法で，いくつ，いつまでに作るかを具体化することであり，基準生産計画・手順計画・

— 10 —

材料計画・工数計画・日程計画などの順番で計画が立案される（図1-5）。

生産計画の対象は，製品に限らず，ユニット等[1]が対象になる場合もある。

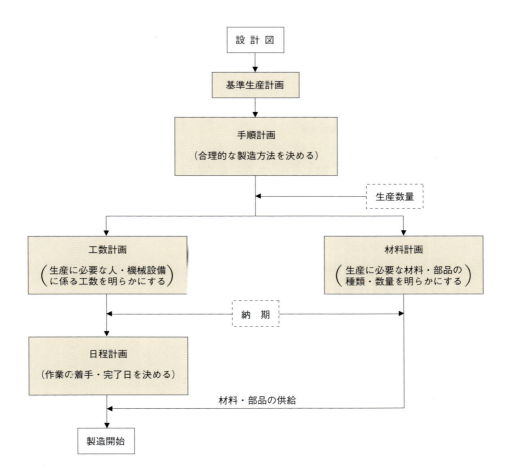

図1-5　生産計画の内容

4 生産手配

　日程計画は，大日程→中日程→小日程と具体化され，大日程計画・中日程計画・小日程計画に対応して生産手配が行われる。生産手配の目的は，製造活動が円滑に進むよう必要なものを手配することであり，生産手配の主体となるものは，生産の要素といわれる人・機械設備・材料・作業方法の四つである（図1-6）。

---

1)　ユニット：製品を構成する装置や機構を意味する。実務的に使用される用語である。

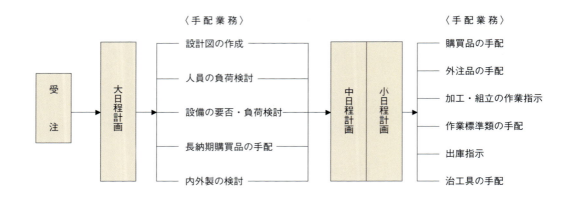

図1－6　生産手配の内容

5 製　造

　生産手配が完了すると製造を開始できる。製造は素材を製品に変化させる過程であり，機械工業では加工作業と組立作業に二分される（図1－7）。

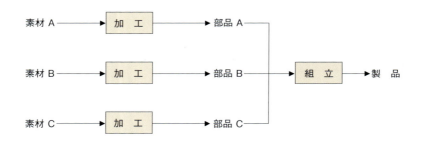

図1－7　製造の過程

a．加工作業

　加工作業は，金属加工を例にとると，素材を定型の部品に製作する過程であり，素材の二次加工と部品加工・処理加工に作業を分類することができる。
　素材の二次加工は，棒材・板材などを切断・処理し部品加工を容易にするために行うもので，部品加工は，切断加工・切削加工・研削加工・塑性加工の四つの加工工程に分けられる。処理加工は，表面処理加工と熱処理加工をいう（図1－8）。

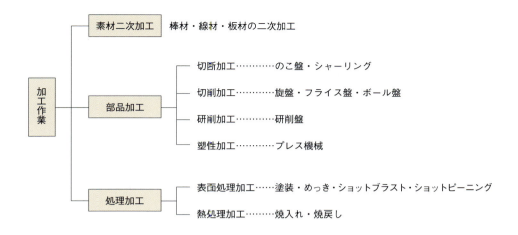

図1-8　加工作業の分類（金属加工）

b．組立作業

　小物製品の場合は，1段階から数段階の組立で最終製品に仕上がるが，大物製品や複雑な製品になると多段階もの組立過程が必要となる。中間段階の組立を部品組立，最終段階の組立を製品組立，又は総組立という（図1-9，図1-10）。

　図1-9に示すように，製品Xを構成する完成部品は，多段階で表現でき，部品fの加工工程も同時に表現することができる。

　また図1-10に示すとおり，サブ組立品M，V，Wを先行して組み立てたり，部品rを先行して加工したりすることにより，納期を短縮することができる。

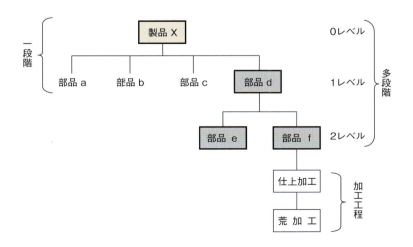

図1-9　加工を含んだ組立製品

第1章　生産と工場

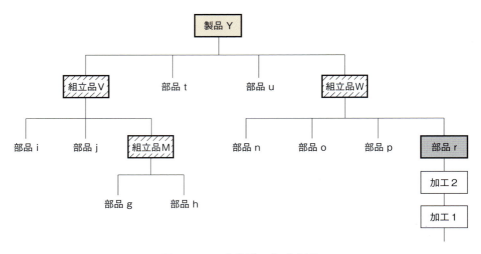

図1-10　多段階の組立製品

6 製品検査

　製造が完了すると，顧客に対する品質保証の一環として製品検査が行われる。製品検査は，製造した品物が良品であるか不良品であるかを判定する仕事であり，合格すると良品として出荷でき，不良品と判定されると再生加工・廃棄処分などの処置がとられる。

　さらに，製品検査では製品の合否を判定するだけでなく，その検査結果を品質管理のための製品情報として活用することができる（図1-11）。最終の製品検査での不良品をなくすためには，工程検査が重要になる。

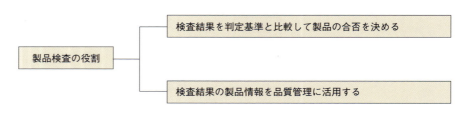

図1-11　製品検査の役割

7 製品在庫

　製品検査に合格した製品は，納期が到来しているものは出荷され，ほかの製品はいったん在庫品として製品倉庫に格納される。

第2節　工　場

　工場の基本となる構成要素は，**4M** といわれる。
　4Mの第一は **Man**（人），第二は **Machine**（機械設備），第三は **Material**（材料），第四は **Method**（作業方法）である。4Mが有機的に結び付いて生産が進められる（図1-12）。

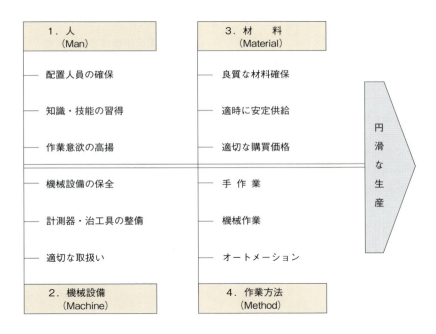

図1-12　工場の構成要素（4M）

1 製造の分類

　日本標準産業分類は，製造業を一般的な事業の種類で表したもので，24の分野に分類されている（表1-1）。

第1章　生産と工場

表1－1　製造業の分類

No.	事業の種類	No.	事業の種類
09	食料品製造業	21	窯業・土石製品製造業
10	飲料・たばこ・飼料製造業	22	鉄鋼業
11	繊維工業	23	非鉄金属製造業
12	木材・木製品製造業（家具を除く）	24	金属製品製造業
13	家具・装備品製造業	25	はん用機械器具製造業
14	パルプ・紙・紙加工品製造業	26	生産用機械器具製造業
15	印刷・同関連業	27	業務用機械器具製造業
16	化学工業	28	電子部品・デバイス・電子回路製造業
17	石油製品・石炭製品製造業	29	電気機械器具製造業
18	プラスチック製品製造業	30	情報通信機械器具製造業
19	ゴム製品製造業	31	輸送用機械器具製造業
20	なめし革・同製品・毛皮製造業	32	その他の製造業

出所：総務省「日本標準産業分類」平成 25 年 10 月改定

2 工場の組織

　工場は，人が協力し合って仕事を進める組織体であり，組織が大きくなるにつれて分業が進む。分業には縦の分業（階層別分担）と横の分業（部門別分担）があり，二つの分業体制を必要に応じて連結させながら工場が運営される（図1－13）。

a. 縦の分業

　指示命令系統を明らかにしたものが階層別組織である。管理者は，経営者の方針や目標に基づいて部門計画を立て，部下に指示や命令を与える部門責任者である。監督者は，管理者の指示や命令を受け，作業者に対し直接指揮をとる現場第一線のリーダーである。作業者は，

一つひとつ与えられた仕事を具体化していく人たちである。

b. 横の分業

横の分業は部門別組織のことで，ライン部門とスタッフ部門に分かれる。ライン部門は生産に直接携わる製造部門（加工・組立）をいい，スタッフ部門はライン業務が円滑に進むよう援助・協力する部門で，設計・管理・資材・検査などの部門を指す。

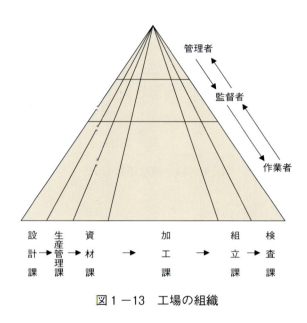

図1-13　工場の組織

受注生産で，短納期要求に対応するためには，顧客要求情報の共有化と即時伝達が必須となり，これを実現するための業務管理システムの構築が重要となる。

c. 補助組織

縦と横の分業体制を支援する活動として，委員会・プロジェクトチームが編成される。これらの補助組織は，幅広い部門から陣容が集められ，縦と横の分業体制と並行して，特定の課題解決に努めている。安全衛生委員会・品質管理委員会・原価低減プロジェクトチームなどが代表的なものであり，生産管理システムの導入や見直しのために，業務改善プロジェクトチームを編成することがある。

一方，ボトムアップ形の補助組織としてQCサークル・5S活動・現場改善活動などの小集団活動がある。この活動は，現場の管理監督者の支援のもと，現場の管理・改善を自主的に進めるために設置される（図1-14）。

第1章　生産と工場

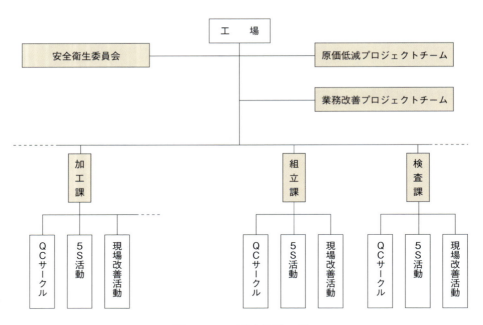

図1-14　補助組織の例

3 人（Man）

　加工・組立を行う製造部門の人的構成は，直接作業者と間接作業者及び管理監督者，そして事務などを担当するスタッフに分類することができる（図1-15）。

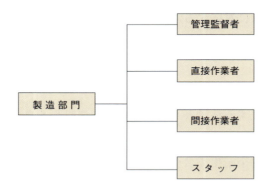

図1-15　製造部門の人的構成

a．直接作業者

　直接作業者は，加工・組立に直接携わる人たちである。近年，NC工作機械[2]・マシニングセンタ（MC）の普及により数値制御機器に従事する作業者の割合が増大するとともに，多品種少量生産の進展に伴い技能の幅が多能化してきており，直接作業者が複数の作業を担えるよう指導することが重要となっている。

b．間接作業者

　間接作業者は，直接作業者の仕事が円滑に進むよう，直接作業の前後に発生する間接作業を担当する人たちである。直接作業の着手前に発生する間接作業として，治工具製作・段取り・機械保全などがあり，直接作業の終了後に発生する間接作業として，検査・運搬・清掃などが挙げられる。

　企業の規模が大きくなるに従って間接作業者の割合が増加する傾向にあり，間接作業者の役割が高まるのは次のような理由である。

・稼働率を重視する機械設備は，直接作業者の仕事を直接作業に特化し，間接作業は間接作業者に任せたほうが，高い生産性が期待できる。

・高度な判断と技能を伴う作業は，専門技能者に任せたほうが，ミスやトラブルが少ない（段取り，検査，保全など）。

4 機械設備（Machine）

　加工・組立を行う製造部門の機械設備の構成は，作業機械，道具及び施設に分けられる。道具は人や機械作業の補助具となるものであり，施設は人や機械作業の生産基盤となる働きをしている。

a．作業機械

　製造の中心的役割を果たすのは生産機械であり，生産機械は，切りくずの出る工作機械（旋盤・フライス盤など）と切りくずの出ない製造機械（プレス機・鍛造機など）に分けられる。熱処理装置や表面処理装置なども特殊装置と呼ばれ，生産機械に含まれる。

　一方，生産機械の前後には，品物の移動・昇降・貯蔵などの運搬・貯蔵機能が発生し，これらの運搬・貯蔵機能を担当するのが運搬・貯蔵機器である。この生産機械と運搬・貯蔵機器を合わせて作業機械という（図1-16）。

---

2)　NC工作機械（Numerically Controlled Machine Tool）：操作手順をプログラム化し，数値制御で稼働する工作機械をいう。

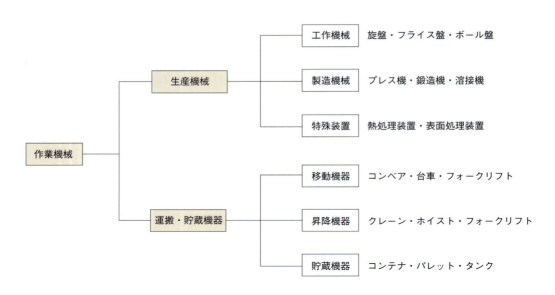

図1-16 作業機械の分類

b. 道　　具

道具の構成は，工具・刃具・治具・型・計測器などに分類される。

(1) 工　　具

工具は手作業の補助として用いられ，ハンマ・スパナ・ドライバなどがある。

(2) 刃　　具

刃具は工作機械に取り付ける刃物であり，バイト・フライス・と石などをいう。

(3) 治　　具

治具は作業を容易にしたり，作業を正確に行うために用いられる。位置決め治具（位置決めピン），ねじ締付治具（当て金・締め金），工具案内治具（型板）などがある。

(4) 型

型は定型品の加工に用いられ，鍛造・鋳造・プラスチック・ゴム・プレスなどの作業では欠かすことのできない器具である。

(5) 測　定　器

測定器は寸法・重量・形状などの計測を行う器具で，ノギス・はかり・輪郭ゲージなどがある。

c. 施　　設

敷地，建物（工場・倉庫など），付帯施設（受電室・水道設備・ガス配管・ボイラ・廃液処理施設など）をいう。

5 材料（Material）

　機械工業の主要材料である金属材料を例にとって，金属材料の材料特性と材料構成についてみると，金属材料は強度と，均質性が高いという固有の性質に加え，所定の寸法・形状が得られやすく，熱処理により材質を変えることができるという加工面の柔軟性も持ち合わせている。

a．金属材料の材質分類

　金属材料を材質面からみると，主要材料は鉄鋼材料であり，鋼と鋳鉄に分けられる。鋼は，焼入れ・焼戻しなどの熱処理によって機械的性質を変えることができるので用途が広く，炭素含有率の違いで軟鋼と硬鋼に分けられる。鋳鉄は，鋳物用の鉄合金である。

　鉄鋼材料を除いた金属材料は，非鉄金属材料と呼ばれる（図1－17）。

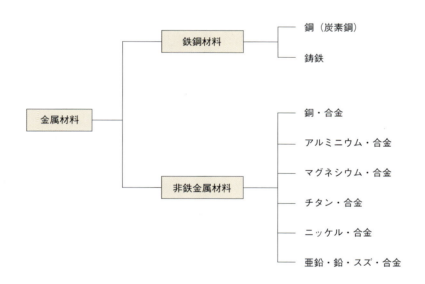

図1－17　金属材料の材質分類

b．金属材料の加工分類

　金属材料を加工面からみると，金属材料は切削性・可塑性・可溶性に優れており，この三つの固有の性質を利用した加工方法がとられる。

　切削性を利用した加工方法は，バイト・フライス・と石などで金属材料を削り取る方法で，工作機械にみられる。

　可塑性とは，金属材料が外圧を受けて形状変化する性質で，高温になるほど塑性効果は大

きくなる。この性質を利用した加工方法には，プレス加工・鍛造などがある。

　可溶性とは，金属材料が高温で溶け冷却すれば元の固体になる性質をいい，鋳造・溶接・溶断は，可溶性を利用した加工法である（図1－18）。

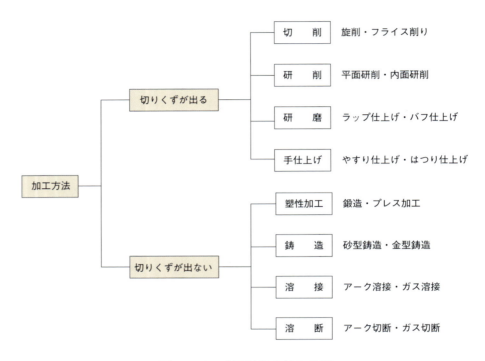

図1－18　金属材料の加工分類

c．金属材料の形態分類

　金属材料を形態面からみると，大きくは素材と部品に分けられる。

　素材は，棒材・板材などが代表的であり，型材や帯材など特定の形に加工したものや熱処理をしたものも素材といわれる。

　部品についてみると，鍛造品や鋳造品のように部品形状はしているが機械加工を要するものと，機械加工を要しないものとがあり，前者を粗型材，後者を組立部品という。組立部品は，さらに単一部品・集合部品・機能部品に分類され，機能部品は，それ自体で独自の機能を持った部品をいう。エンジン・モータなどがこれに当たる（図1－19）。

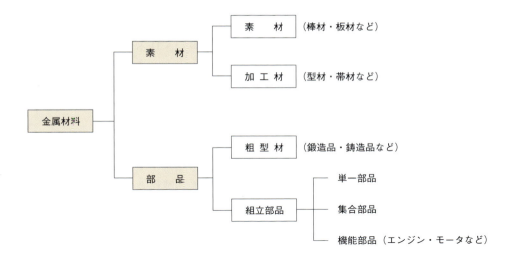

図1-19 金属材料の形態分類

6 作業方法（Method）

　作業方法を設備集約度に応じて分類してみると，手作業→手動機→半自動機→自動機→オートメーション，と自動化の進展の過程をみることができる（図1-20）。

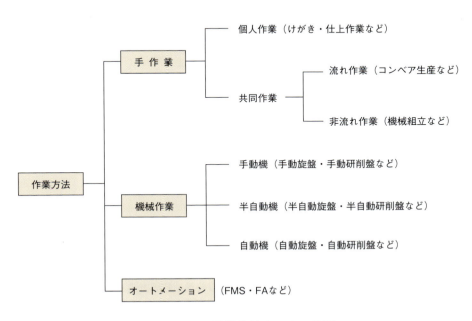

図1-20 設備集約度による分類

第1章　生産と工場

a. 手 作 業

　手作業には，素手で作業する場合と，工具や治具を用いて作業する場合があり，また，個人作業で行う場合と共同作業で行う場合とがある。さらに共同作業は，コンベア生産などの流れ作業と非流れ作業（機械組立など）に分けることができる。

b. 機 械 作 業

　手動機（手動旋盤，手動研削盤など）は，取付け・機械操作・取外しの1サイクルをすべて人手に依存する機械作業であり，新製品の試作・治工具製作及び個別生産でみられる。半自動機は機械操作部分を自動化したもので，多品種少量生産で多用される。自動機は1サイクルの作業動作をすべて自動化したもので，無人運転が可能である。多量生産で多く配置される。

c. オートメーション

　自動機と自動機が搬送装置で連結され，無人状態で運転可能になると，メカニカル・オートメーションが進展する。NC工作機械が多用され，工作機械がCNC[3]・DNC[4]と進展していく中で，周辺機器（自動検査機・自動搬送装置など）と連結しながら製造が行われるようになると，多品種少量生産にも対応できるフレキシブル・マニュファクチャリング・システム（FMS[5]）が構築される。

　一方，コンピュータ援用設計／製造システム（CAD[6]／CAM[7]）と製造資源計画（MRP[8]システム）といった情報処理技術が著しい進展をみせており，これらの情報処理技術（ソフトウェア）とFMS（ハードウェア）が結び付いてファクトリー・オートメーション（FA[9]）と呼ばれるようになった（図1-21）。

---

3)　CNC工作機械（Computerized Numerically Controlled Machine Tool）：小型コンピュータ内蔵のNC工作機械であり，操作手順をコンピュータで自動プログラミングし，工作機械の稼働を行う。近年，CNCが主流となってきた。

4)　DNCシステム（Direct Numerical Control System）：直接数値制御方式と訳される。1台のコンピュータに2台以上のNC工作機械を連結し，中央制御が行われる。DNCは，加工制御のほかに自動プログラミング・スケジュール管理などの機能も併せ持つ。

5)　FMS（Flexible Manufacturing System）：融通性の高い製造システムという意味であり，製造設備を変更することなく，ある範囲の類似製品を混合生産できるようコンピュータで制御・管理する製造システムをいう。

第2節　工　場

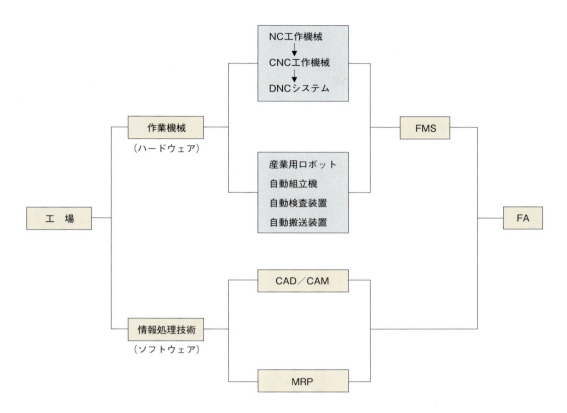

図1-21　FAの概念図

6) CAD (Computer Aided Design)：コンピュータ援用設計と訳される。コンピュータを利用して設計図面を描く技術で，三次元CADが主流となりつつある。
7) CAM (Computer Aided Manufacturing)：コンピュータ援用製造と訳される。CADデータからNCプログラムを作成するシステムをCAMという。
8) MRP (Manufacturing Resource Planning)：製造資源計画と訳される。従来は資材所要量計画 (Material Requirement Planning) と訳されていたが，近年のMRPは資材の所要量計画にとどまらず，製造資源（人・設備・金など）も含めて所要量を計画するようになってきている。
9) FA (Factory Automation)：FMSと情報処理技術（設計・生産管理など）が有機的に結び付いた工場の自動化システムをFAという。

第2章

生産工学概論

生産計画と生産統制

第2章　生産計画と生産統制

　工程管理の目的は，製品内容を把握し，所定数量の製品を完成納期までに仕上げることであり，生産計画と生産統制の業務に大別される。生産計画の段階では生産計画の立案と生産手配が行われ，生産統制の段階では製造を具体的に進めるために，作業分配・作業統制・事後処理が実施される（図2－1）。

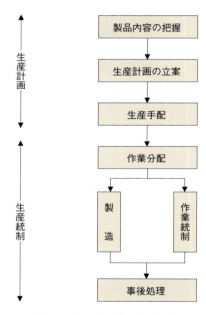

図2－1　工程管理の業務

第1節　生産計画

　基本となる生産計画は，手順計画・材料計画・工数計画及び日程計画の四つである。生産計画は，生産要素をどのように活用するかを明らかにしたもので，生産計画が確定すると，営業部門は販売数量と納期が約束され，資材部門は材料手配が可能となり，製造部門は製造日程を立案することができる（図2−2）。

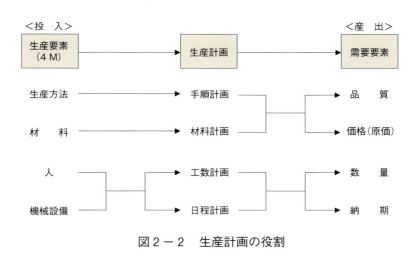

図2−2　生産計画の役割

1 手順計画

　どのような生産方法で製品を作るかという概要を示したものが手順計画であり，手順計画に基づいて工程管理が進められる。手順計画は，部品展開した部品計画表と部品ごとの生産方法を示した工程表とに分けられる。

a．部品計画表

　部品計画表は，設計図から部品構成を展開し，部品の調達方法や管理方法及び加工方法などを概略的に示した手順書である（表2−1）。

b．工　程　表

　工程表は，部品の加工方法及び組立方法を具体的に示した作業手順書であり，手順表とも

第2章　生産計画と生産統制

いう（表2-2）。

表2-1　部品計画表の例

製番：P-16　区分：外箱　　　　　　　　　部　品　計　画　表　　　　　　発行10月1日　No.2

No.	図番	名称	略　図	構成数	材質型格	材料準備	管理区分	担当区分	工　程 →	手配番数 着手	手配番数 完成	記事
1	BF 104-1	上枠	←1,035→ L3×3.5	4	軟鋼 アングル	○	自	板	けがき→切断→歪取り	18	15	
2	BF 104-2	柱	←207→ L3×3.5	4	〃	○	自	板	けがき→切断→歪取り	18	15	
3	BF 104-3	下枠	←840→ L3×3.5	2	〃	○	自	板	けがき→切断→切落し→歪取り	18	15	
4	BF 104-4	上板	1,025 900 T1.6	1	軟鋼 板	○	自	板	けがき→切断→歪取り	15	12	

出所：並木高矣編「工程管理の実際―第4版」日刊工業新聞社

表2-2　工程表の例

工程表（手順表）

略図 ←840→	製番	P-16	製品	16kw パン焼器	区分	外箱
	図番	BF 104-3	名称	下枠	構成数	2

No.	工　程	作　業　内　容	機械，治工具	標準時間 段取	標準時間 主体	作業人員
1	けがき		スケール，石筆	10分	1分	A1
2	切断		高速度切断機	10	1	B1
3	切落し	角の切欠きを落とす	ヘシ切，ハンマ	10	5	C1
4	歪取り		定盤，ハンマ	5	5	A1
5						
9						
10						

手配番数 着手	手配番数 完成	材質型格	素材寸法	定尺より取数	工程分類	管理区分
18	15	軟鋼アングル	L3×3.5	2	板	自

出所：並木高矣編「工程管理の実際―第4版」日刊工業新聞社

2 材料計画

　生産する製品の種類と数量が決まると，材料計画（資材調達計画）を作成することができる。材料計画は，必要な部材を算出し，作業の着手時期までに必要な部材を調達することを目的としており，基準生産計画と部品表をもとに部材を算出する。基準生産計画と部品表（製品単位当たりの部品構成表）を照合すると，必要な総所要量が計算される。保有する在庫を引き当て，差し引いた上で調達に必要な正味所要量を確定する。正味所要量の調達経路は，内作品・外作品・購入品の三つに分かれる（図2-3）。

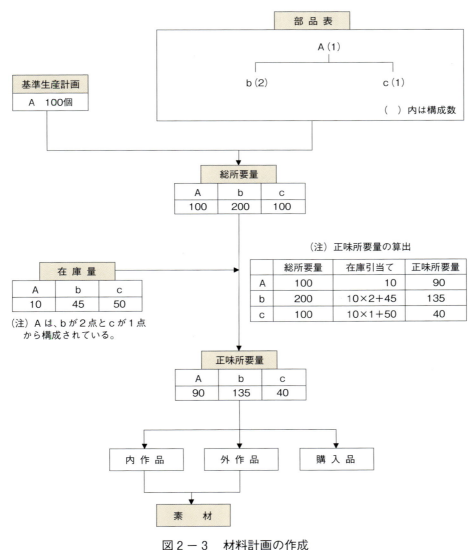

図2-3　材料計画の作成

購入品とは，生産に必要な部材を市場から調達するものをいい，必要な時期に必要な品質のものを最小の費用で調達するための管理活動が，購買管理である。

生産に必要な部材で購入品以外は，要求される仕様を実現するため，なんらかの加工を施すことが必要で，それを自社で加工する場合は内作品といい，外注で加工する場合は外作品という。外注を利用する目的は，自工場の設備や専門技術が不足している場合（例えば，熱処理・表面処理等），自社で生産するよりも外注のほうが廉価でできる場合，受注量の変動による生産能力の調整のため，が挙げられる。

購買品と同様，内作品も外作品も必要な時期に必要な品質のものを最小の費用（内作品は工数）で調達するための管理活動のことを，内作品の場合は工程管理といい，外作品の場合は外注管理という。

なお，図2－3は，MRPを用いた計算例の説明であり，生産計画に合わせて製品の資材や部品の必要数をコンピュータで総合的に管理する手法である。

3 工 数 計 画

工数計画を立案する目的は，負荷（仕事量）と生産能力を適合させることである。負荷が生産能力を上回れば納期に支障が生じることになり，逆に負荷が生産能力を下回れば人・機械設備の遊休が発生する。したがって，負荷と生産能力のバランスを保つことが重要である。工数とは仕事量を表す単位で，延べ作業時間のことをいう。

a．負　　荷
負荷は，標準となる1個当たりの作業時間（標準時間という）に生産数量を掛けて求めることができる。算出された値は標準工数で，通常，時［H］が用いられる。

負荷＝標準時間 × 生産数量

負荷計画は，使用目的や用途により，月単位，週単位，日単位などの妥当な粗さを選択する。また，工数計画は機械別や人別，グループ別に計画することも重要である（図2－4）。

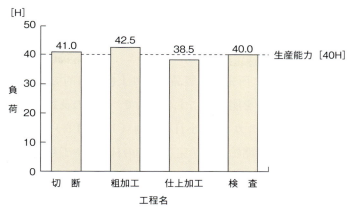

図2-4 工数山積グラフ(週間計画)

b. 余　　力

　生産能力と負荷を比較することを余力検討といい，余力値は（生産能力－負荷）で求められる。余力値がプラスになれば負荷増大の必要性が生じ，余力値がマイナスになれば生産能力増強（残業の実施，作業応援など）の処置がとられる。余力状況を確認するために，図2-4のような負荷状況を表す工数山積グラフや，表2-3のような余力を検討するための一覧表が使われる。

表2-3　余力検討(週間計画)

[単位：H]

工程	機械	負荷 a群	b群	c群	d群	e群	負荷	生産能力	余力
切　断	201	6.0	5.5	10.0	10.5	9.0	41.0	40.0	－1.0
粗加工	211	6.5	6.0	10.5	10.5	9.0	42.5	40.0	－2.5
仕上加工	261	5.5	5.0	9.5	10.0	8.5	38.5	40.0	＋1.5
検　査	281	6.0	5.5	10.0	10.0	8.5	40.0	40.0	0
合　計		24.0	22.0	40.0	41.0	35.0	162.0	160.0	－2.0

4 日程計画

　日程計画は，所定の期日までに所定量の製品を作り上げる目的で作成される。作業に，いつ着手し，いつ完了したらよいかを明らかにする計画で，期間の長短により，大日程計画（3カ月～1年），中日程計画（1～3カ月），小日程計画（1～10日）に分類される。
　計画対象製品の生産期間（生産開始～生産完了までの日数）や工程の特性及び受注期間（受注してから納期までの日数）を考慮しながら，妥当な日程計画を立てる。

a．基準日程
　日程は，作業着手から作業完了までの停滞時間を含む経過時間をいい，日程を標準化したものを基準日程と呼んでいる。基準日程は，日程管理の実務面では，手配番数（略して手番）の呼び名で運用される。手配番数は，完了時点から逆算し，何日前に着手したらよいかを示す日数であり，例えば，7番ということは完了時点の7日前に作業着手することを示している（図2-5）。

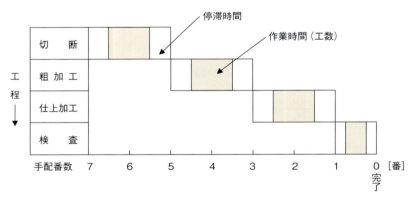

図2-5　単一部品の加工日程

b．生産期間の短縮
　生産期間を短縮するためには，加工時間と停滞時間の短縮が重要な要素である。
　加工時間を短縮するためには加工ロットを小ロット化することが有効であり，停滞時間を短縮するためには移動ロットを小ロット化することが有効である（図2-6）。

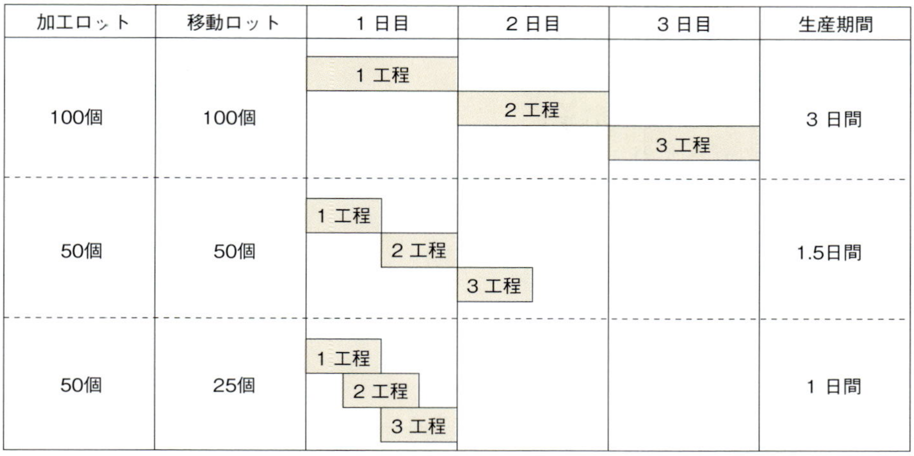

図2-3　生産期間の短縮（単一部品）

c．組立製品

　組立製品の日程計画は，製品の完成納期に着手手番を引き当てて着手日を決める。加工工程からの供給が遅れると納期遅れになるので，組立工程の部品供給を同期化させることが重要な管理点となる（図2-7）。

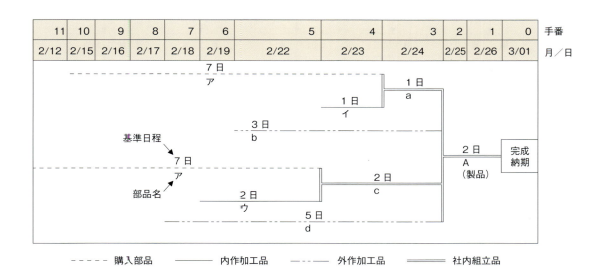

図2-7　組立製品の日程計画

5 生産手配

生産手配は製造に必要なものを手配する業務で，発注手配・出庫手配・作業手配に分けられる（図2－8）。

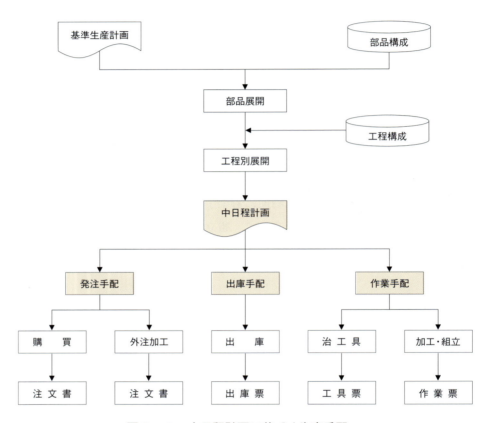

図2－8　中日程計画に基づく生産手配

a．発注手配

資材・外注加工品・治工具などが発注手配の対象となるもので，注文書・かんばん・オンラインなどが発注媒体として使われる。かんばんは長方形のビニール袋に入ったカードをいい，1品1葉の注文書の代わりに使われ，現品とともに移動して発注の機能を果たす（図2－9）。

オンライン発注では，インターネットでの発注（イントラネット[1]など）が広く普及している。

---

1) イントラネット（Intra-Net）：インターネットの技術を用いた企業内のネットワークシステムで，外部との接続が容易である。

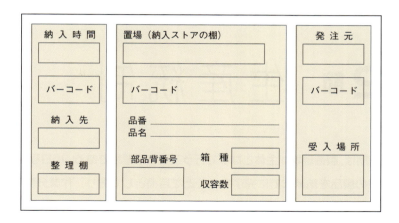

図2-9 外注かんばんの概要

　代表的な発注手配方式として，定量発注方式と定期発注方式が挙げられる。
　定量発注方式とは，一般的に発注時期（在庫量が発注点）になると，あらかじめ定められた一定量を発注する方式で，発注点方式ともいわれる。発注の間隔は変化し，できるだけ管理の手間を軽減する在庫管理方式である。
　定期発注方式とは，あらかじめ定めた発注間隔で，一定期間の所要量を満足する発注量を，その都度決めて発注する方式で，きめ細かい管理を狙った在庫管理方式である。
　いずれの発注方式にしても，在庫の精度を高水準に維持管理されていることが必須で，いずれの方式を採用するかは，その部材の調達条件（調達リードタイム・購入価格・購入ロット・調達市場等）を考慮して決める。

b．出庫手配
　出庫手配は，倉庫部門に対して素材・部品・治工具などの出庫を指示し，出庫日に出庫がなされるよう手配しておくことである。近年，LAN[2]を介した自動出庫システムが増加している。

c．作業手配
　作業手配は，加工・組立部門に作業着手の指示を出すことであり，媒体として作業票・かんばん・LAN・イントラネットが使われる。
　生産手配の注文書や出庫票，工具票，作業票は，指図（指示）を意味し，これらにより調達や出庫，生産活動が実行される。

---

[2] LAN（Local Area Network）：構内情報通信網と訳される。企業内で構築したコンピュータのネットワークシステムをいう。

第2節　生産統制

　　生産統制は，製造現場が主体となって行う工程管理業務である。小日程計画を製造に移し，所定数量の製品を納期までに完了することを目標としており，作業分配・作業統制・事後処理の三つの業務がある（図2-10）。

　　生産統制は，生産能力や材料確保が充足された生産計画（手順計画，材料計画，日程計画）に従って管理する業務で，生産計画の変更や，生産過程での計画と生産実績との差異について分析・判断し，対策を講じることが，製造の管理監督者にとって重要な業務となる。

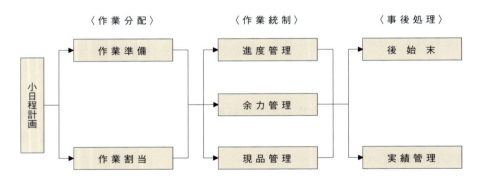

図2-10　生産統制の業務

1 作業分配

　　作業分配は現場の管理監督者が行う手配業務で，職場全体の製造活動を円滑に進めるために実施される。差立（ディスパッチング）ともいう。

a. 作業準備

　　作業準備は，製造開始に当たって生産の4要素（4M）を取り揃える業務で，作業者が行う段取りに先行して進められる（図2-11）。

b. 作業割当

　　作業割当は，作業内容を，誰に，どの機械設備に割り当てるかを明確にすることであり，

納期遵守を前提に，段取都合や生産効率を重視して決める。割当情報は，作業票・差立板・かんばん・ネットワークを通して伝達される。

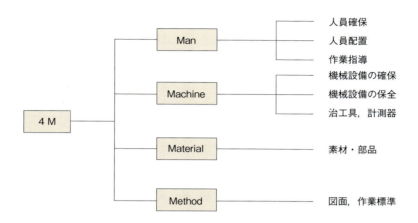

図2－11　生産の4要素(4M)の準備

(1) 作業票

作業票は，何を，いくつ作り，いつ着手したらよいかを伝票で示したものである。工程ごとに1枚ずつ作成した作業票と，すべての工程を1枚に連記した作業票とがある（表2－4）。

表2－4　作業票(連記式)

| 平成　年　月　日発行 |
| 作業票 |
| 品名　　　　　　数量　　　　　　納期　年　月　日 |

No.	工程	機械	着手 月/日	完成 月/日	完成数	不良数	担当者
1							
2							
3							
4							
5							

(2) 差立板

差立とは，掲示板を用いて作業割当を行う方法で，掲示板（ホワイトボードなど）に直接書き込む方式と掲示板に作業票を添付する方式とがある。直接書き込む方式では，ガントチャート[3]が多用される（図2－12）。

---

3) ガントチャート：横軸に時系列の目盛をとり，縦軸に管理対象（製品・部品・人・機械設備など）をとって，作業の着手と終了を明示するグラフをいう。

第2章 生産計画と生産統制

○○製造（株）向け△△機

作 業	担当者	H29	3月 10 20 31	4月 10 20 30	5月 10 20 31	6月 10 20 30	7月 10 20 31	特記事項
要求仕様書	営業1課 松本	計画 実績	⇒ →					
仕様確認会議	設計課 Aグループ	計画 実績		◎				
設計作業	設計課 Aグループ	計画 実績		⟶	⟶			
検図・出図	設計課 Aグループ	計画 実績				◎		
部材手配	資材課	計画 実績				⇒		
		計画 実績						

図2-12 差立板(ガントチャート)

(3) かんばん

「かんばん」は，ジャストインタイム生産システムで使われる生産指示票を意味する。現品とともに工程間を移動し，「かんばん」を見れば何を，いくつ作ればよいかが分かるようになっている。

かんばん方式には，後工程が引き取った分だけ補充生産するために使われる「生産指示かんばん」と，後工程が前工程から品物を引き取るために使われる「引取かんばん」がある（図2-13）。

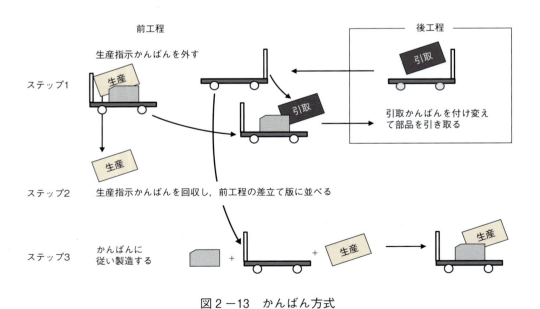

図2-13 かんばん方式

出所：平野健次著「入門 生産マネジメント その理論と実際」日科技連出版社

(4) ネットワーク

　クライアントサーバシステムを背景に，サーバから自部門の端末（クライアント）に小日程計画を呼び出し，機械や人の負荷状況を考慮しながら作業割当てを行うやり方で，バーコードや磁気カード・ICカードが情報引出し媒体として使われる。人名コードや機械コードを入力すると，個別の作業割当て情報を引き出すことができ，作業が終了すると生産数量・終了時刻等が入力される（図2-14）。

　クラウドコンピューティングとは，インターネットなどのネットワークに接続されたサーバが提供するサービスを，利用者がネットワークを介してパソコンやスマートフォンで使うことをいう。

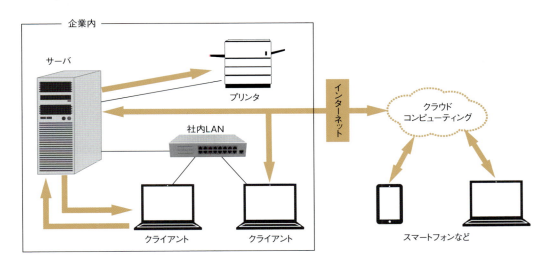

図2-14　クラウドコンピューティングの概念図

2 作業統制

　作業統制の目的は小日程計画を円滑に進めることにあり，進度管理・余力管理・現品管理の三つの業務に分かれる。

a．進度管理

　進度管理は進捗管理ともいわれ，小日程計画に対する進度を管理する業務である。個別生産や小ロット生産では，工程の進み具合で進度を管理し，大ロット生産や連続生産では数量の出来高をみて進度を管理する。

　管理の方法としては，「目で見る管理」ツールの一つであるアンドンが使われる。これは，機械と連動した電光表示板やパトライト（赤，青，黄のランプ）などを使い，工程内外にひと目で稼動状況や機械の異常を知らせるように工夫した工程管理方式の一つである。必ずし

— 41 —

も自動化でなく，手動による方法でも構わない（図2－15）。

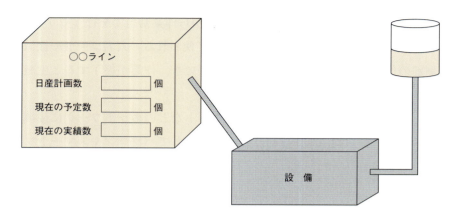

図2－15　電光表示盤とパトライト

b．余力管理

余力管理は，負荷と生産能力の調整を図ることである。進度が遅れ，遅延回復を図る場合は生産能力の増強が必要となり，残業の実施や，前後工程の応援などの処置がとられる。

c．現品管理

現品管理は，現品の受け渡しを確実に行うために実施される。作業票（前掲の表2－4），現品票（図2－16），かんばん（前掲の図2－13）などが管理媒体として使われ，現品管理を簡略化するために，運搬の定量化，荷姿の標準化などの方策がとられる。

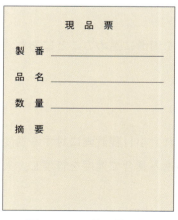

図2－16　現品票

3 事後処理

製造が終了すると，後始末及び実績把握を行って，工程管理業務を終了する。

a．後始末

後始末とは，ロット作業の終了時，又は１日の作業終了時に行う作業域の清掃，機械装置の点検や治工具などの整頓等の作業をいう。

b．実績把握

実績把握とは，出来高や不良数・所要時間などの実績集計であり（表２−５），近年，自動で実績を収集する生産管理端末やバーコード端末，タッチパネルなどを使った実績収集システムの普及により，生産実績の集計が容易になった。

表２−５　不良の集計

不良項目	／1 月	／2 火	／3 水	／4 木	／5 金	計 [個]	計 [％]	累計 [％]
寸法不良	6	4	4	3	2	19	47.5	47.5
きず不良	5	2	2	1	1	11	27.5	75.0
角度不良	2	3	2	0	0	7	17.5	92.5
焼付不良	1	0	1	0	0	2	5.0	97.5
欠け不良	0	0	0	0	1	1	2.5	100.0
計	14	9	9	4	4	40	100.0	

第3節　在庫管理

　在庫は棚卸資産ともいわれ，倉庫に保管してある貯蔵品（材料・部品・製品）と製造現場に滞留している仕掛品を総称したものである。
　在庫は販売活動と製造活動を円滑に進める緩衝材の役割を果たしており，販売活動では在庫を持つことで顧客の要求納期に素早く対応することができ，製造活動では在庫を持つことにより生産期間を短縮し，生産性を高めることができる。一方，在庫が過大になると資金負担を増大させ，管理費用が増大するので，適正在庫に努めていく必要がある。

1　日常業務

　在庫管理の日常業務は，入庫→保管→出庫（受入れ→保管→払出し）の三つである（図2－17）。

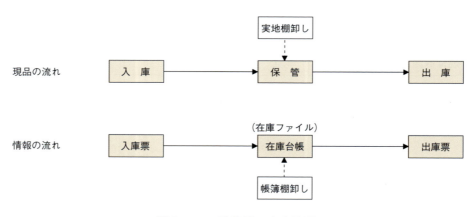

図2－17　貯蔵品の在庫管理

a．入　　庫

　外部から購買品・外注品を調達すると検収が行われる。検収は，発注手配したときの内容をもとに納入品の品質・数量・納期をチェックし，合否を判定する仕事である。合格すれば入庫手続きを行って，在庫情報を更新する（図2－18）。
　内製品の入庫についても，購買品・外注品と同様の入庫手続きになる。

第3節　在庫管理

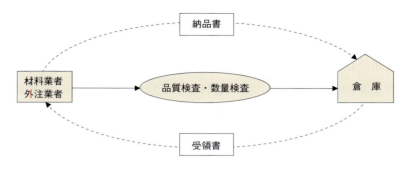

図2−18　外部調達品の検収

b．保　　管

　保管の原則は，何を，どこに，いくつ置くかであり，三定管理（定品，定位，定量）といわれる。すぐに分かり，先入れ先出しがしやすい保管環境を構築することが重要であり，目で見る管理の実施と５Ｓを推進することが欠かせない（図2−19）。

　保管業務を円滑に進める上で，倉庫関係者による循環棚卸し[4]は保管精度を維持するための重要な要素であり，小まめに実地棚卸しを実行することが重要となる。

　棚卸しの目的は，在庫の精度維持だけではなく，在庫差異の原因を見つけ出し，対策することでもある。

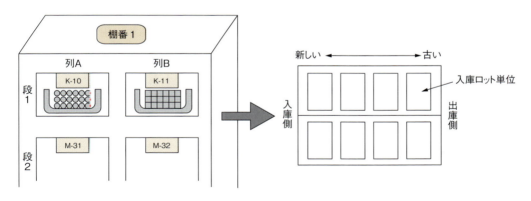

図2−19　アドレス管理と保管方法

c．出　　庫

　出庫は荷揃え・荷出しを行う仕事であり，先引き法と後引き法とがある。先引き法は，在庫台帳（ファイル）で在庫残を調べた上で現品を出庫する方法であり，コンピュータでの在庫管理は先引き法が適用される（図2−20）。後引き法は，先に現品を確保し荷揃えを終了

4）　循環棚卸し：すべての入出庫作業を止めて全域にわたって一斉に行う一斉棚卸法に対して，倉庫内，棚区内をいくつかに分類し，一定の期間をかけて順次行う棚卸法。

した後，在庫台帳（ファイル）に出庫数を登録して在庫残を更新する方法である。

　在庫の精度を高水準に維持するには，図2-20の荷揃え時の出庫票と，品揃えした現品とのチェックの徹底が必須である。出庫時は，「倉庫担当者以外は出庫ができない」，「出庫票がないと出庫ができない」，「出庫票に記載された数量しか出庫しない」を徹底することが重要である。

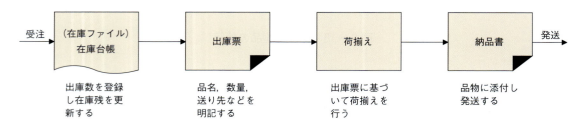

図2-20　先引き法

d．在庫情報管理

　入出庫数や在庫残の確認には，在庫台帳が使われる（表2-6）。手持ち在庫に入庫予定数を加えたり，出庫予定数（引当て数）を差し引いたりして，実質的に使用可能な在庫量を在庫台帳で管理する。この使用可能な在庫量のことを有効在庫という（有効在庫＝手持ち在庫＋入庫予定数－出庫予定数（引当て数））。

　今日では，システム化により在庫情報を即時に照会でき，入出庫情報の手続きも，キーボード入力はもとよりバーコード入力やペンタッチ入力が使われ，LAN・イントラネットにより，購買や販売の取引先から直接データを送受信する方法も多く使われている。

表2-6　在庫台帳

月	日	摘　要	単価	入庫 数量	入庫 金額	出庫 数量	出庫 金額	在庫 数量	在庫 金額
6	1		100	500	50,000			500	50,000
	4		100			200	20,000	300	30,000
	9		100			200	20,000	100	10,000
	10		100	500	50,000			600	60,000

2 在庫管理の考え方

在庫を多く抱えることは，コストと資金の負担を増大させることになるので，極力，在庫を抑制し，生産活動を進める必要がある。このように，生産活動を取り巻く環境（取引先の要求と条件）から生じる矛盾を吸収するための在庫を，適正在庫という。

a．受注生産

在庫を抑制するには受注生産が有効である。見込生産は見込在庫を持つ生産方式であり，製品レベルの在庫（製品見込生産），部品レベルの在庫（部品見込生産），材料レベルの在庫（材料見込生産）の三つの在庫水準がある。材料レベルに近づくほど在庫金額は割安になる（表2－7）。

表2－7　生産形態と在庫

生産形態	生産開始時点	見込在庫			在庫金額
		材　料	部　品	製　品	
受注生産	材料手配	－	－	－	－
材料見込生産	部品加工	○	－	－	小
部品見込生産	製品組立	○	○	－	中
製品見込生産	出荷（生産完了）	○	○	○	大

b．小ロット生産

小ロット生産も在庫抑制に有効である。加工ロットを小ロット化し（究極は1個流し生産），移動ロットを小ロット化することにより生産期間が短縮し，在庫を削減することができる。

c．生産情報管理システム

近年，製造業を取り巻く市場の要求は，高品質・低価格・短納期・小ロットが一般的になってきている。この要求に応えられるスピード感のある生産情報管理システムを構築することが課題となっており，営業活動を含めた製販を一元化した基幹業務管理システムが望まれる（図2－21）。

第2章　生産計画と生産統制

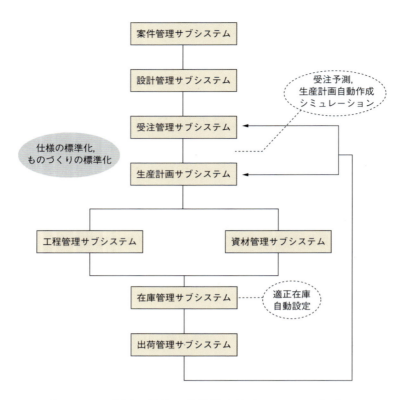

図2－21　製販一元化の基幹業務管理システムの概念図

d. 適正在庫

　適正在庫とは，製品についていえば，受注リードタイム≦生産リードタイムの差の期間で予測される受注量を意味する。ここで，予測される受注量を過去の実績や直近の受注状況を統計的に処理し，1品目ごとに設定することになる。もちろん，資材や部品についても同様の考え方で設定することになる。

　適正在庫の設定は，固定値ではなく可変値になるため，一般的にコンピュータシステムで管理されている。

第3章

生産工学概論

工程改善と作業改善

作業を正しく，速く行うために作業方法の良し悪しを検討することを作業研究という。作業研究は標準作業を確立し，標準時間を設定することを目的としている（図3－1）。

図3－1　作業研究の概要

作業研究の各種分析技法をＩＥ（Industrial Engineering）と呼び，標準時間の設定だけでなく，工程改善や作業改善に用いる。近年，「５Ｓ活動」と称して現場改善活動が活発になっており，「７つのムダ」（加工，在庫，作りすぎ，手持ち，動作，運搬，不良・手直し）を定量化する改善方法や改善結果の評価にもＩＥが活用される。

第1節 工程分析

> 工程分析は，品物の流れを加工・検査・運搬・停滞・保管などに分け，工程改善を進める手法である。

1 製品工程分析

　一般に，工程分析というと製品工程分析のことを指す。分析対象となるのは材料・部品であり，材料・部品の加工される過程を検討する。

a．工程図示記号

　工程分析に用いられる分析記号は工程図示記号と呼ばれ，主なものは加工（ ○ ），検査（ □ ），運搬（ ○ 又は ⇨ ），停滞（ ▷ ），保管（ ▽ ）の五つである（表3-1）。

表3-1　工程図示記号

記 号	工程名	工　程　の　内　容	改　善　着　眼
○	加　工	物理的,化学的変化が加えられている状態,また段取りされている状態	①隘路工程の能力向上 ②加工時間の短縮
□	検　査	なんらかの方式でチェックを受け，合否が判定されている状態	①検査工程の省力化 ②検査時間の短縮
○ (⇨)	運　搬	ほかの場所へ移動している状態	①運搬工程の省力化 ②運搬時間の短縮
▷	停　滞	工程間に止まっている状態	①停滞工程の排除 ②停滞時間の短縮
▽	保　管	所定の場所（倉庫など）に貯蔵されている状態	①保管量の削減 ②保管方法の合理化

b．製品工程分析図

　製品工程分析の結果は製品工程分析図にまとめられる。製品工程分析図は品物の流れを工程図示記号を用いて表にしたものであり，直線式と平面図式の2種類に分かれる。直線式は

品物の流れを縦に記入し，必要に応じて作業者・機械設備・所要時間・移動距離などを併記する。平面図式は流れ線図と呼ばれ，品物の流れを配置図に従って矢線で示したものである（図3－2）。

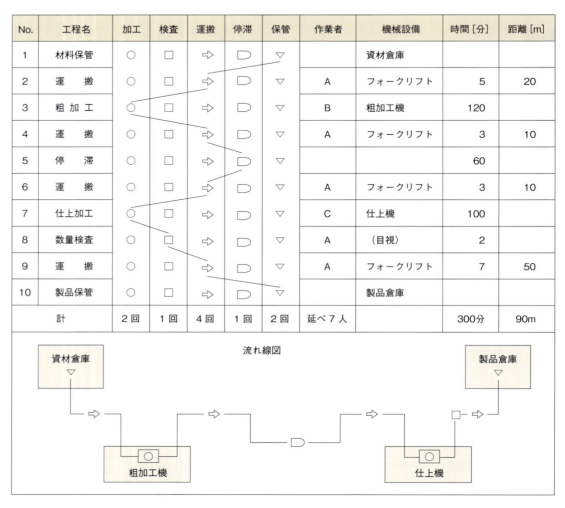

図3－2　製品工程分析図の例

c．工程改善

工程改善の目的は，生産期間の短縮，生産能力の向上，運搬の合理化及び停滞の削減などを進めていくことである。

生産期間の短縮では，所要時間の長い工程の時間短縮が必要であり，生産能力の向上では，隘路(注)工程の能力を高める必要がある。

注）隘路：ボトルネックともいい，能力所要量が利用可能能力を上回っている工程や設備，機能又は部門のことをいう（JIS Z 8141：2001「生産管理用語」）。

また，運搬の合理化では，運搬方法の省力化や運搬時間の短縮を進め，停滞の削減では，停滞量の削減及び停滞時間の短縮を図っていく必要がある。

d．生産能力の平準化
　作業研究では，3ム（ムダ・ムリ・ムラ）の排除を重視する。ムダは生産要素の過剰消費であり，ムリは生産要素の不足状態であり，ムラは，ムダとムリが混在している状態をいう。

　ムダな工程では手待ちが発生し，ムリな工程では停滞品が発生する。ムダとムリを排除するには，生産能力を平準化することが重要である（図3－3）。

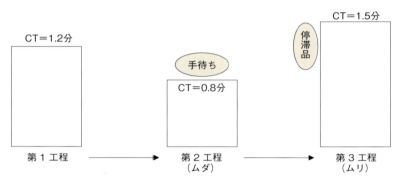

（注）　CT（Cycle Time）：1個当たりの正味作業時間をいう。

図3－3　ムダとムリ

2 運搬分析

　運搬工程を考える場合，運搬工程分析が用いられる。運搬工程分析は，移動方法，取扱い方法，置き方などを分析し，物流改善を図る手法である。

a．運搬分析記号
　製品工程分析に比べ，運搬分析記号は多岐にわたっており，「基本記号」「動力記号」「台記号」などがある。
（1）基 本 記 号
　基本記号は作業の区分を示すもので，4種類に分類される（表3－2）。
（2）動 力 記 号
　移動・取扱いを行う場合，人力で行うのか，機械力・重力を用いるかを区分するために動力記号が使われる。動力記号は基本記号の中に付記される（表3－3）。
（3）台 記 号
　台記号は置き方の状態，運びやすさを分類する記号で，基本記号のすぐ下に併記する。

第3章　工程改善と作業改善

　運びやすさを品物の活性といい，活性示数という指標で5段階に分類されている。運びやすい置き方は活性度が高く，運びにくい置き方は活性度が低いという。物流改善では活性度（活性示数）を高めるよう改善する必要がある（表3－4）。

表3－2　基本記号

区　分	記　号	状　　　態
加　工	○	加工，検査されている
移　動	⨃	位置が変化している
取扱い	⌂	上げ（⌂），下げ（⌂）されている
停　滞	▽	動かず変化しない

表3－3　動力記号

区　分	記　号	人手の要否	表示例
人　力	な　し	必要である	⨃
機械力	—	操縦が必要である	⨃　⌂
	=	操縦が必要でない	⨃　⌂
重　力	＼	監視が必要である	⨃
	＼＼	監視が必要でない	⨃

表3－4　台記号

区　分	記　号	状　　　態	活性示数
平	—	ばら置きされている	0
箱	⌴	まとめられている	1
枕	⊤⊤	床から起こされている	2
車	⚬⚬	車に載せられている	3
コンベア	⬭	移動している	4

b．運搬工程分析図

　運搬工程分析図は，物流の実態を基本記号と台記号を用いて整理し，必要に応じて動力記号を付記した図である。物流実態を的確に把握するために，「移動距離」「所要時間」「重量」

— 54 —

「運搬具」「作業内容」などの要素も併記しておくとよい（図3－4，図3－5）。

距離 [m]	時間 [分]	記号	作業内容	重量 [kg]	運搬具
20	5		1号機へ移動する	100	フォークリフト
			床へ下ろす		
	30		停滞している		
			品物を上げる(100回)		
	60		加工する		
			品物を下ろす(100回)		
	5		停滞している		
5	2		2号機へ移動する		台車

図3－4　直線式運搬工程分析図

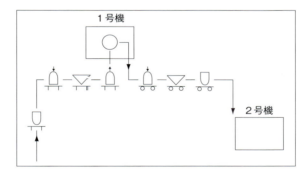

図3－5　配置図式運搬工程分析図

3 配置分析

　配置分析は，合理的な運搬経路を設定するために適用される。代表的な手法として，近接性相互関連分析がある。

a．配置の原則
　配置の基本原則は，直線直角の経路と近接性の配置である。
　直線直角の経路とは，進むのは真っすぐ，曲がるのは直角に曲がるという原則であり，近接性の配置とは，運搬頻度の高いものほど近接させるという原則である（図3－6）。

近年，多品種少量生産の進展に伴い，小回りの利くU字形レイアウトが広まりをみせている。U字形の利点は，入口と出口が近く品物の流れが調整しやすいこと，空間活用が効率的であること，前後工程の助け合いがしやすいこと，などが挙げられる（図3－7）。

U字形をさらに発展させたものとしてセル方式があり，これは，1人から数人の作業者が数十の製造工程を幅広く担当する作業形態である。

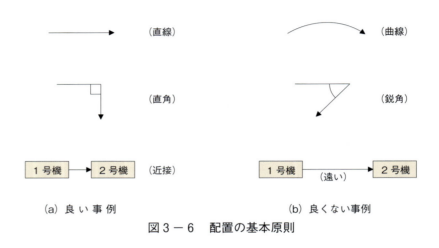

図3－6　配置の基本原則

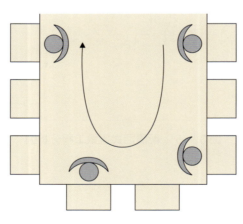

図3－7　U字形レイアウト

b．近接性相互関連分析

近接性相互関連分析は，配置を検討する対象物（機械設備・倉庫など）を挙げ，それらの相互の近接性を検討し，近接性の高いものほど近づけて配置を行うという考え方である。

近接性の相互関連を検討する分析表は近接性相互関連分析表，近接性を検討する配置図は近接性相互関連ダイヤグラムと呼ばれる（表3－5，図3－8）。

表3−5 近接性相互関連分析表

1	材料倉庫
2	部品加工1ライン
3	部品加工2ライン
4	部品加工3ライン
5	部品加工4ライン
6	部品組立ライン
7	部品倉庫
8	製品組立ライン

(注) A：隣接したほうがよい，B：近いほうがよい，C：離れていても不便はない。

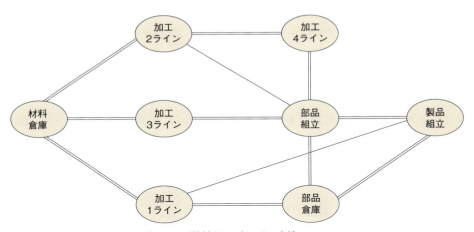

(注) 近接性がAのものは2本線 ＝ 　近接性がBのものは1本線 －

図3−8 近接性相互関連ダイヤグラム

4 ラインバランス分析

品物を1個ずつ流す流れ作業で，ラインの能力バランスをみることをラインバランス分析という（図3−9）。

第3章　工程改善と作業改善

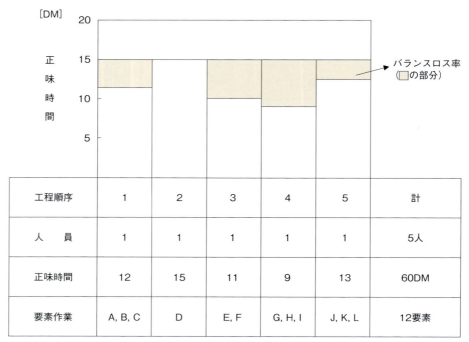

(注) 1．上図は，12の要素作業を5工程に編成した様子を示している。
2．正味時間は，1個当たりの正味作業時間をいう。
3．DMは，1/100分計の単位目盛でデシマル・ミニットと呼ぶ。

図3-9　ラインバランス分析

a．ラインバランス効率

　ラインバランスの良し悪しは，ラインバランス効率という指標で測定される。ラインバランス効率は，平均正味時間を隘路工程の正味時間で割って求めることができる。算出された値は，低いとムラ（ムダとムリ）が大きいことを示しており，値が高まるようにライン編成を改善していく必要がある。

$$\text{ラインバランス効率} = \frac{\text{正味時間の合計}}{\text{隘路工程の正味時間} \times \text{工程数}} \times 100 \ [\%]$$

図3-9よりラインバランス効率を求めてみると，

$$\text{ラインバランスの効率} = \frac{60 \ (\text{DM})}{15 \ (\text{DM}) \times 5 \ (\text{工程})} \times 100 \ [\%] = 80 \ [\%]$$

となる。

b．ラインバランスの改善

　隘路工程の作業改善が最重点課題であり，改善不能な場合は，一部の要素作業をほかの工程へ移すことの検討も行う。一方，余裕のある工程では，一部の要素作業を追加したり，工程数を集約する可能性も追求していく必要がある。

第2節　作業動作分析

工程編成が決まると，次は作業動作方法の確立である。工程分析が品物の流れを分析するのに対し，作業分析は人及び機械設備の稼働状況を分析する。動作分析は，人の身体部位の動きを捉えた細かい分析手法である。

作業分析の手法には時間分析と稼働分析があり，動作分析の手法にはサーブリック分析がある。

1 動作分析

動作分析は，作業者が行う作業動作を観察し，動作分析記号を用いて動作改善を検討する手法である。詳細な分析にはサーブリック分析（微動作分析）が使われ，VTRも併用される（図3－10）。

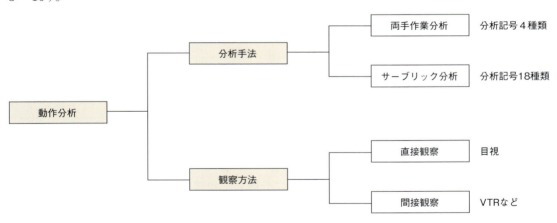

図3－10　動作分析の分類

a．サーブリック分析

サーブリック分析は，手足や目の動きを微動作で捉え，18のサーブリック記号で整理を行う手法で，主体作業（正味時間）の分析に用いられる。サーブリックという命名は，この手法の開発者であるギルブレスの英語のつづりを逆に読んだものである。

(1) サーブリック記号

18のサーブリック記号は，第1類・第2類・第3類に類別される（表3－6）。第1類は

第3章　工程改善と作業改善

仕事を進めるために必要な動作であり，加工・組立に直結する動作要素（位置決め，組み合わせ，分解，使う，調べる）と品物の取扱い（空手移動，つかむ，運ぶ，放す）に関する動作要素である。

第2類は第1類の動作を遅くする傾向のある動作要素で，探す，見出す，選ぶ，考える，用意する，の五つの準備動作をいう。

第3類は仕事が進んでいない動作要素であり，保持，避けられない遅れ，避けられる遅れ，休む，の四つの動作要素からなっている。

表3−6　サーブリック記号

類別	名　称	記号	記号の説明	類別	名　称	記号	記号の説明
第1類（仕事を進めるために必要な動作）	空手移動	 ⌣	手に何も乗せていない形	第2類（第1類の動作を遅くする傾向のあるもの）	探す	 �	目でものを探す形
	つかむ	∩	手でものをつかむ形		見出す	 ◉	目でものを探し当てた形
	運ぶ	 ⌣○	手にものを乗せた形		選ぶ	 →	目的物を指す形
	位置決め	9	ものを指の先端に置いた形		考える	 ⼦	頭に手を当てている形
	組み合わせ	#	組み合わせた形		用意する	8	ボウリングのピンを立てた形
	分解	##	組み合わせたものから1本離した形	第3類（仕事が進んでいない動作）	保持	 ∩	磁石にものを吸い付けた形
	使う	U	英語のUseのU		避けられない遅れ	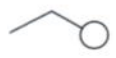 ⌒○	人がつまずいて倒れた形
	放す	 ○	手からものを落とす形		避けられる遅れ	 ⌐○	人が寝ている形
	調べる	 ○	レンズの形		休む	⼦	人がイスに腰かけた形

(2) 類 別 検 討

サーブリック分析は，作業内容を動作要素に分解し，観察順にサーブリック記号を付記して第1類・第2類・第3類の分類を行う（図3−11）。

第3類の改善は，工程平準化や両手作業の推進で手待ち・保持を排除する必要があり，第2類の改善は，材料・治工具の置き方など整理整頓を励行し，「探す，見出す」などの準備動作を排除する必要がある。

第1類では，「空手移動，つかむ」など取扱い動作について省力化を進める必要があり，加工・組立においても治具化・機械化を推進していく必要がある。

— 60 —

動作要素	サーブリック	類別
① コップに手を伸ばす	⌣	1
② コップをつかむ	∩	1
③ コップをビンまで運ぶ	⌣	1
④ コップの向きを直す	8	2
⑤ コップをビンの口に位置決め	9	1
⑥ コップをビンの口に挿入する	#	1
⑦ 手を放す	○	1
⑧ 手を元に戻す	⌣	1

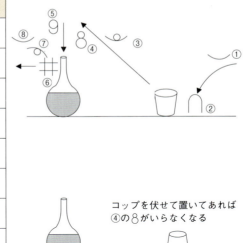

図3−11 コップを取ってビンにかぶせるサーブリック分析

b．動作経済の原則

作業動作を速く，楽に行うための原則を動作経済の原則といい，次の4原則が基本的な考え方となっている。

(1) 動作数を減らす原則

不必要な動作を排除し，できるだけ動作数を集約することをいう。

① 手を休ませてはならない。
② 手にものを持ったままにしてはならない。
③ 視線を動かさず，かつ注視回数を減らす。
④ 工具や部品は，事前に使う順番にセットする。
⑤ 直立姿勢で業務の遂行ができるようにする（しゃがまない，かがまない，傾けない）。
⑥ 作業方法は，できるだけ少ないサーブリックで構成されなければならない。

(2) 動作を同時に行う原則

両手の同時活用，手足の両方活用などをいう。

① 両手の動作は，同時に始まり同時に終わらなければならない。
② 両手は，身体の中心線に対して同時に，対称，かつ反対方向に動かさなければならない。
③ 足，腰の活用を導入する。

(3) 動作距離を短くする原則

作業領域を狭くし，動作を最短距離で行うことをいう。

① 工具，部品は前置きする。

② ものの移動は惰性を利用し，弾道軌道を用いる。
③ 作業域はできる限り小さくする。
④ 体の移動は最小とする。

(4) 動作を楽にする原則

治具や機械の活用，円滑な作業方法などをいう。

① 治具，万力などを活用して，人による保持を削減する。
② 多くの機能を合体した工具を導入する。
③ 重力を活用した物品の移動を導入する（落とし送り，スロープ，コンベア等）。
④ 適切な業務環境を導入する（照明，換気，温度，湿度，騒音，足場，安全等）。
⑤ 大きな力の必要な工具類は，手との接触面積を広くする。
⑥ 人間の判断を極小化する。

2 時間分析

　時間分析は，作業動作を細分化し，時間測定値を用いて作業改善を進める方法である。時間分析の分析手法は，要素作業時間分析と単位作業時間分析とに分かれ，要素作業時間分析は繰返し作業（主体作業）に適用され，単位作業時間分析は非繰返し作業（段取作業，個別生産など）に適用される。

　観察方法では，ストップウオッチ法とVTR法が広く普及している（図3－12）。

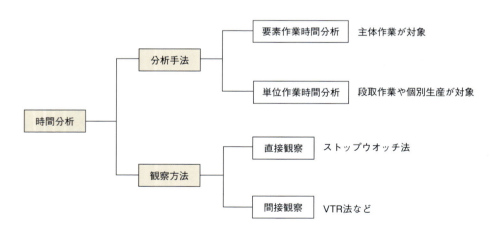

図3－12　時間分析の種類

a．要素作業時間分析

　要素作業時間分析は主体作業を要素作業に分解し，数回から数十回，繰り返し時間測定を行って作業動作の実態を把握する。時間の測定単位は，DM（1/100分）が多く使われ，測定

が終わると要素作業ごとに平均値を求め，平均値を合計することにより主体作業の実測値（正味時間）が得られる（表3－7）。

表3－7　要素作業時間分析表（継続法）

[単位：DM]

No.	要素作業	1	2	3	4	5	計	回数	平均
1	部品を取る	4	4	－	4	5	17	4	4.3
		4	39	M	11	49			
2	部品を取り付ける	7	8	－	7	8	30	4	7.5
		11	47	M	18	57			
3	部品を加工する	14	15	－	16	52	45	3	15.0
		25	62	96	34	209			
4	部品を取り外す	5	4	5	5	6	25	5	5.0
		30	66	101	39	15			
5	部品を置く	5	5	6	5	5	26	5	5.2
		35	71	7	44	20			
	計	35	36	－	37	76			37.0

(注)　上段：要素作業時間，下段：読み時間。Mは測定不能。

b. 作業改善

　要素作業時間分析では要素作業の時間値とばらつきに注目する必要があり，時間値の高い要素作業とばらつきの大きい要素作業は改善の重点となる。改善案の創出には，動作経済の原則，5W1H，ECRSなどの改善原則が活用される。

c. 5W1H

　5W1Hは仕事の基本原則といわれ，改善活動でも多用される改善原則である。

　What（材料・部品・機械設備・治工具・計測器），When（時間・期間），Who（担当者・配置），Where（工程・場所・位置・方向・高さ），Why（作業の目的），How（作業方法・作業標準）の5W1Hで質問し，改善案を創出する。

d. ECRS

　ECRSの4原則といわれる。E・C・R・Sはそれぞれ，改善の着眼点を意味する英単語の頭文字をとったものである。E（排除＝Eliminate）は「作業をやめられないか」を意味する。同様に，C（結合＝Combine）は「複数の作業を一緒にできないか」，R（再編成＝Rearrange）は「作業手順を入れ替えられないか」，S（簡単化＝Simplify）は「作業をより

第3章　工程改善と作業改善

簡単なものにできないか」を表す。ECRSで質問し，改善案を創出する。

e. 分 析 事 例

　表3-8は，材料置台から補強板を取って六つの種類（A・B・C・D・E・F）の部材をスポット溶接する仕事の様子を示している。「時間［秒］」は要素作業の平均値，「［%］」は要素作業の時間割合，「最小」は測定値の中の最小値，「時差」は最大値から最小値を引いた値，「倍率」は最大値を最小値で割った値を示している。

　得られたデータを分析すると，No.1の要素作業（補強板の移動と部材Aスポット溶接）は，ほかの要素作業に比べて6.1秒と時間がかかっている。また，倍率をみると，すべての要素作業でばらつきが大きく作業が安定していないことを示している。

　これら二つの問題に対して作業改善を検討する必要がある。No.1の要素作業に対しては，材料を取りやすくするための工夫が必要であり，材料置台と作業台の近接化・連結化も改善の検討課題である。倍率のばらつきが大きい問題に対しては，材料の固定化を図るためガイドを設けたり，六つの部材をセット溶接することも検討する必要がある。

表3-8　要素作業時間分析総括表（改善前）

工程名	製品名	作　業	作業者	観測日	観測者
スポット溶接	○○製品○○補強板	部材溶接	A	××××	××

レイアウト略図	機械・治工具と使い方
スポット溶接機　部材箱　作業台　材料置台　パレット	① 部材は箱からフィーダ供給される ② 材料の固定にガイドはない ③ 溶接機はフットスイッチで作動

No.	要素作業	時間［秒］	［%］	最小	時差	倍率	問題点
1	補強板を作業台に移動させ，部材Aスポット溶接	6.1	33.0	4.7	4.0	1.9	材料が取りにくい
2	部材Bスポット溶接	2.7	14.6	2.1	0.9	1.4	溶接のための位置決めが不安定
3	部材Cスポット溶接	2.3	12.4	2.0	1.0	1.5	
4	部材Dスポット溶接	2.6	14.0	2.3	0.6	1.3	
5	部材Eスポット溶接	2.4	13.0	2.0	2.4	2.2	
6	部材Fスポット溶接	2.4	13.0	2.1			
	合　　計	18.5		15.2			

出所：実践経営研究会編「IE7つ道具」日刊工業新聞社

3 稼働分析

　稼働分析は人や機械設備の稼働率を高めるために実施され，稼働率の測定方法は実態調査による方法と資料分析に基づく方法とがある（図3－13）。

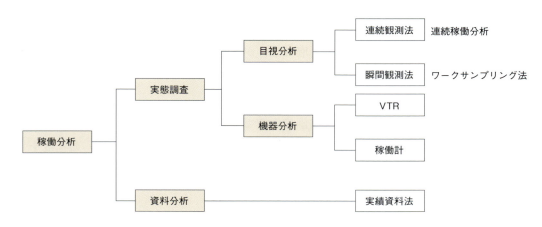

図3－13　稼働分析の方法

a．作業内容
　製造現場の作業内容は，1ロットに1回発生する段取作業と，1個ごとに発生する主体作業及び不規則に発生する余裕作業に分けられ，仕事に直結しない私的行動を非作業などという（図3－14）。

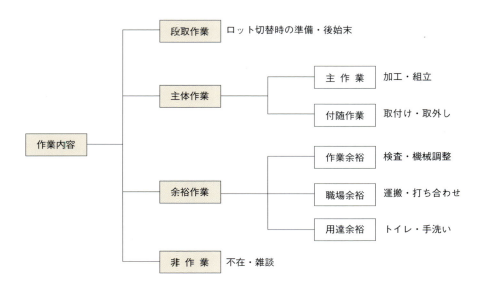

図3－14　作業内容

第3章　工程改善と作業改善

(1) 段取作業

段取作業についてみると，機械設備が稼働している間に行うかどうかで外段取りと内段取りに分かれる。

外段取りは機械設備が稼働している間に材料・部品・治工具などの準備を行うことで，内段取りは機械設備を止めて行う段取りをいう。機械設備の稼働率を維持・向上させるには，外段取りの割合を高めることが重要である。

(2) 主 体 作 業

1個ごとの作業内容（取付け・加工・取外し）が主体作業であり，主作業と付随作業に分けられる。

(a) 主 作 業

主作業（加工・組立）は直接の付加価値作業であり，主作業の動向によって生産数量が決定される。主作業の割合を高めるとともに，正味時間（サイクルタイム）の速度を上げることが生産性向上の必要条件である。

(b) 付 随 作 業

付随作業（取付け・取外し・機械操作）は，主作業に付随して規則的に発生する。直接の生産作業ではないので，省力化を積極的に進めていくべきである。付随作業を省力化することにより，機械の持ち台数を拡大することができる。

(3) 余 裕 作 業

余裕作業は，作業余裕・職場余裕・用達余裕の三つに分けられる。作業余裕は作業進行に必要な余裕であり，給油・機械調整・くず処理などを指す。職場余裕は複数の工程に関与する余裕であり，打ち合わせ・手待ち・朝終礼などを指す。用達余裕は人間の生理的欲求からくる余裕で，トイレ・手洗いなどをいう。

(4) 非 作 業

非作業は怠惰性の高い動作をいい，余裕作業とは区分する。非作業には，作業中の雑談・作業着手の遅れ・作業終了の早じまい・私用に伴う離席などがある。

b．瞬間観測法（ワークサンプリング法）

ワークサンプリング（Work Sampling）法は，あらかじめ設定した時刻にその場所へ行き，人や機械設備を瞬時に観測する方法である。観測者1人で多数の対象を観測できるので効率的である（図3−15）。

第2節　作業動作分析

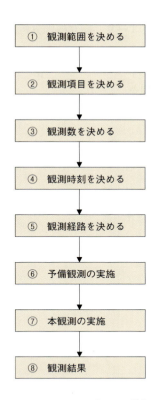

図3－15　ワークサンプリング法の進め方

(1) 観 測 範 囲

観測範囲は，観測対象とする作業者（機械設備）を決めることである。表3－9では，組立工程の8名の作業者が観測対象となっている。

(2) 観 測 項 目

稼働分析の目的に応じて観測項目を設定する。稼働率の把握だけでよければ，「稼働」「非稼働」の2項目でよい。余裕項目を重視する場合，余裕項目を細分化し観測を行う。表3－9では，余裕項目を20項目に分けている。

(3) 観　測　数

観測数は次式で求められる。

$$N = \frac{4F(1-P)}{e^2}$$ （信頼度95％の場合）

N：観測数［回］
P：発生率（稼働率）［％］
e：絶対誤差［％］

— 67 —

第3章　工程改善と作業改善

表3－9　組立稼働分析表

工　程　名	組　立　工　程	氏名　中　村　次　郎	承認	検印	作成 中村
作　業　名					
作　業　者	8名（伊藤・吉田・西田・山下／中野・小田・木村・林）	○　○　事業部	×　×　部　工場		
設　　　備		製　造　課	チーム		

区分	主体作業						段取作業				余裕作業							非作業			チェック(合計)
時刻＼項目	部品挿入	半田付け	ビス締め	部品取付け	部品製品取扱い	その他	材料準備	部品運搬	部品製品整理	その他	修正	治工具準備	運搬	打ち合わせ	手待ち	用達	その他	雑談	手休め	その他	
1　8:23	/		/	//	/		/		/			/		/							8
2　30	//	/	/	/	/		/							/							8
3　34	//	//		/	/				/			/									8
4　37	/	/	/	/	///							/									8
5　58	///			/	//	/						/									8
6　9:27	/	/		/	//									/					//		8
7　36	//			/	///							/		/							8
8　10:35	/	/		/	///	/						/									8
9　11:16	//	/		/	//												/		/		8
10　20	//	/			///												/		/		8
11　35	//	/	/		///										/						8
12　13:15	//	/			//		/					/		/						/	8
13　29	//	/		/	///				/												8
14　41	//			//	/							/					/		/		8
15　55	///		/	/	///																8
16　14:32	//	/			////										/						8
17　15:05	//	//		/	//									/							8
18　45	//	/		/	///											/					8
19　16:02	//	/			////														/		8
20　34	//	/			//				//		/										8
計(各項目ごと)	33	17	9	17	45	2	3	4	4	2	4	2	3	2	4	1	2	2	3	1	160
各項目ごとの%	20.6	10.6	5.6	10.6	28.0	1.3	1.9	2.5	2.5	1.3	2.5	1.3	1.9	1.3	2.5	0.6	1.3	1.3	1.9	0.6	100
計(各区分ごと)	123						13				18							6			160
各区分ごとの%	76.7						8.1				11.4							3.8			100

出所：石原勝吉著「現場のIEテキスト（下）」日科技連出版社

例えば，予備観測で稼働率75％の結果が出たとする。絶対誤差を±3.0％に設定すると，観測回数Nは834回と計算される。対象の作業者が8人であれば，105巡回すればよいことになる（834回÷8人＝104.3回）。

（4）観測時刻

ランダム時刻表を用いる（「ランダム時刻表」は作業研究関係の書籍に記載されている）。1日の巡回回数は，20～40巡回が目安である。

（5）観測経路

観測するための効率的な経路を設定し，観測対象が見やすい観察地点も決める。

（6）予備観測

予備観測を実施して不具合があれば，本観測に向けて修正を行う。

（7）本観測

表3－9では，組立工程の8名を対象に1日20巡回の稼働分析を実施した様子が示されている。観測項目は20項目，観測数は1日160回である。観測時刻はランダム時刻表を利用し，ランダム時刻表に従って巡回を行っている。

（8）観測結果

表3－9の観測結果について見ると，生産に直結する主体作業の割合は76.7％である。主体作業の内訳では，「部品製品取扱い」（28.0％）と「部品挿入」（20.6％）の二つが高い割合を示している。

4 5S活動

5Sは，整理・整頓・清掃・清潔・躾のローマ字の頭文字から由来している。これは，単なる清掃活動ではなく，職場の抱える問題や課題を解決し，品質，コスト，納期，安全を高める改善活動である。

a．5Sの意味

・整理は，いるものといらないものに区別して，いらないものは処分すること。

・整頓は，いるものを使いやすい場所にきちんと置くこと。

・清掃は，身の回りのものや職場をきれいに清掃して，いつでも使える状態にすること。

・清潔は，整理・整頓・清掃を維持し，誰が見てもきれいで分かりやすい状態に保つこと。

・躾は，職場のルールや規律を守り，習慣付けすること。

例えば，整頓による改善として，ものの置き場や置き方に着目することによって，仕事のムリや，ムリな姿勢を改善することができる。

第3章　工程改善と作業改善

b．7つのムダ

　ムダを徹底的に排除して原価低減を達成するには，現場に潜むムダを見つける目を常に持ち，改善を進めることが重要である。トヨタ生産方式では付加価値を生まないムダを「7つのムダ」と定義している。7つのムダを見つけるには，前述の工程分析や作業動作分析（サーブリック分析，ワークサンプリング法等）を実施する。ワークサンプリング法は次節で述べる標準時間設定時の余裕時間設定の根拠にもなる。

① 加工のムダ ……………… 加工とは機械加工，溶接，仕上げ，検査等のことを指すが，必要以上の仕上げ作業や，本来不要な検査等のこと。

② 在庫のムダ ……………… 在庫とは材料，部品，仕掛品，完成品等すべてをいうが，そのうち説明ができない在庫のこと。

③ 作りすぎのムダ………… 7つのムダの中で最も悪いムダであり，作りすぎが在庫のムダ，動作のムダ，運搬のムダを発生させる。

④ 手待ちのムダ …………… 作業することがなく，手待ちの状態になっていること。

⑤ 動作のムダ ……………… 探す，しゃがむ，持ち替える，調べる等の付加価値のない不要な動きのこと。

⑥ 運搬のムダ ……………… 必要以上のものの移動，仮置き，積替え等のこと。

⑦ 不良・手直しのムダ…… 不良品を廃棄，手直し，作り直しすること。

第3節 標準時間

　工程分析により工程編成が確立し，作業動作分析により作業方法が決まると，作業標準を設定することができる。作業方法を標準化したものを作業標準，作業時間を標準化したものを標準時間という。

1 作業標準

　作業標準は，製品を作るときの手本となっており，図表や写真が挿入され，箇条書きで書き表されるものが多い。運用する過程で不具合が発生したり，もっと良い方法がみつかれば改訂が行われる。作業標準書には次のような内容が記載される（表3−10）。

① 適用範囲（使用設備，使用材料，加工範囲）
② 使用治工具，計測器
③ 作業順序，加工条件，注意事項
④ 標準時間
⑤ 異常時の処置
⑥ 略図

など。

2 標準時間

　標準時間は主体作業と段取作業，及び余裕作業を対象としており，非作業は含めない。標準時間は1個当たりの作業時間で表される（図3−16）。

a．正味時間

　正味時間の設定は，実態調査（観測法）による方法と実態調査によらない方法（見積法）とがある。観測法は精度が高く，見積法は精度は劣るが，実態調査を省略するので早く算出することができる（図3−17）。

第3章 工程改善と作業改善

表3-10 作業標準の例

作業標準書		登録番号	配布番号
図番	品名	作業名	材質
○○○	弁箱	フランジ面旋削	FC200 {FC20}

略図	使用機械器具	
	機械	L-101
	工具	剣バイト
	治具取付具	フランジ保持具
	検査具	挟みゲージ G-201
	切削油	使用しないこと

寸法　単位：mm

呼び径	D	t
40	140±0.5	20^{+1}_{0}
50	155±0.5	20^{+1}_{0}
65	175±0.5	22^{+1}_{0}

手順	操作	作業要領	標準時間[s]	回転数[rpm]	切削速度[m/min]	送り[mm/rev]	切込み[mm]
1	取付け	1．刃物台に剣バイトを取り付ける。刃物台を約30°回転する。	8.0	800	20	0.4	2
		2．片方のフランジを旋盤の面盤に当て，四方からチャックを締め付ける。	10.0				
		3．静かに面盤を回して芯を出す。	4.0				
2	旋削	1．フランジ外径を削る。	3.0				
		2．フランジ面を削る。	12.0				
3	取外し	1．チャックをゆるめて弁箱を取り外す。	10.0				
4	繰返し	1．反対側のフランジを手順1～3によって行う。	47.0 計94.0				

注意事項	1．作業開始の際は，注油箇所を点検すること。 2．バイトは，200個削ったら交換すること。 3．D及びtの寸法は，バイト交換時及び2時間ごとにG-201で点検すること。

| 制定 | 年 月 日 印 | 改正 | 年 月 日 印 | を | に改正 |
| 実施 | 年 月 日 印 | | 年 月 日 印 | を | に改正 |

出所：松川安一ほか編「社内標準の作成と活用」日本規格協会

図3-16　標準時間の構成

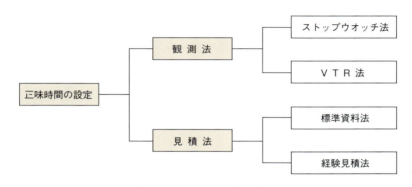

図3−17　正味時間の設定

(1) 観 測 法

　観測法にはストップウオッチ法とVTR法があり，近年，スマートフォンやビデオカメラによるVTR法が増えている。また，作業分析ソフトウェアの普及で，集計・記録など分析作業自体が効率化されている。

　どちらの方法を用いても，観測正味時間を標準速度に換算する必要があり，標準速度に換算する作業をレイティング（速度修正）という。観測正味時間が標準速度より遅ければレイティング係数に1.0未満となり，逆に観測正味時間が標準速度より速ければ1.0より大きくなる。例えば，観測正味時間を37.0DM，レイティング係数を0.9とすると，標準正味時間は33.3DM（＝37.0×0.9）と設定される。

(2) 見 積 法

　見積法は，過去の標準資料や実績資料及び経験に基づいて正味時間を見積もる方法であり，標準資料法と経験見積法がある。

　標準資料法は，作業を要素作業に分解し，過去の標準資料から共通要素作業及び類似要素作業を見つけ，正味時間を見積もる方法である。算出を容易にするために計算式や図表が使われる。

　経験見積法は，見積作業を要素作業まで細分化せず，もう少し粗い単位で算出する方法をいう。

b．段 取 時 間

　段取時間の設定は，観測法では主体作業と同様，ストップウオッチ法とVTR法が適用され，主体作業よりも粗い単位で作業分析が行われる。正味時間に対して段取時間の割合が著しく低い場合は見積法が適用され，段取時間を無視することもある。

　段取時間を1個当たりの単位で求めるには，段取時間をロットの大きさで割る必要がある。

第3章　工程改善と作業改善

c．余裕時間

　余裕時間は，正味時間に余裕率を掛けて求めることができる。前掲の表 3 − 9 の組立稼働分析表に基づいて余裕率を求めてみると，14.6％となる。

　　　　余裕率＝余裕作業 ÷ 主体作業 ×100

　　　　　　　＝ 18［回］÷123［回］×100

　　　　　　　＝ 14.6［％］

したがって，1 個当たりの余裕時間は，正味時間を 37.0DM とすると 5.4DM と計算される。

d．標準時間

　主体時間と段取時間に分けた標準時間の計算式は，次のようになる（外掛け方式という）。

　　　　主体時間＝正味時間＋余裕時間

　　　　　　　　＝正味時間 ×（1 ＋余裕率）

　　　　　　　　＝観測時間 × レイティング係数 ×（1 ＋余裕率）

　　　　段取時間＝｛観測時間 × レイティング係数 ×（1 ＋余裕率）｝÷ ロットの大きさ

　　　　標準時間＝主体時間＋段取時間

　　　　　　　　＝観測時間 × レイティング係数 ×（1 ＋余裕率）

　　　　　　　　　＋｛観測時間 × レイティング係数 ×（1 ＋余裕率）｝÷ ロットの大きさ

【計算例】

設定条件	主体作業	観測時間	37.0DM
		レイティング係数	0.9
		余裕率	20.0%
	段取作業	観測時間	750DM
		レイティング係数	0.9
		余裕率	20.0%
	ロットの大きさ		100 個

　　主体時間 =37.0×0.9×（1 +0.2）=33.3×1.2=39.96［DM］

　　段取時間 =750×0.9×（1 +0.2）÷100=675×1.2÷100=8.10［DM］

　　標準時間 = 主体時間＋段取時間 =39.96+8.10=48.06［DM］

第4章

生産工学概論

品質保証と品質管理

第4章　品質保証と品質管理

　近年，国際規格の ISO 9000 シリーズに高い関心が寄せられており，認証取得件数も年々，増加の一途をたどっている。ISO 9000 シリーズは，品質管理の標準化と品質保証を促すものであり，JIS（Japan Industrial Standards：日本産業規格）も原則的に ISO 規格に準拠することになっている。

　ISO（International Organization for Standardization）は国際標準化機構と呼ばれ，国際規格の標準化（電気関係は除く）を推進する。本部はスイスのジュネーブにある。日本からは日本産業標準調査会（JISC）が加盟している。

第1節 品質保証

　標準には，作業標準はもとより，世界規模の国際規格まで各種の標準・規格類がある。社内標準では○○規定・○○規格・○○標準などと呼ばれ，社外標準では標準の規模の大きさにより，団体標準・国家標準・国際標準などに分類される（表4－1）。

表4－1　標準の分類

分　類		内　容	例
1	社内標準	企業内で適用される取決め	作業標準
2	社外標準　団体標準	業界，学会などで適用される取決め	JEC（日本電気学会規格）
3	国家標準	国全体に適用される取決め	JIS　（日本産業規格）
4	国際標準	国際的に適用される取決め	ISO（国際標準化機構）

1 ISO 9000 シリーズ

　ISO 9000 シリーズは製品そのものの規格ではなく，品質マネジメントシステムの国際的な規格である。企業など組織の品質活動を管理するための仕組み（マネジメントシステム）について基準を定め，顧客に提供する製品・サービスの品質を継続的に向上させていくことを目的としている。

a．規格構成

　品質マネジメントシステムを運用するのは，個人ではなく企業などの「組織」である。組織とは2人以上の集まりのことをいい，企業に限らず，公共団体や学校，病院なども含まれる。同組織内の人が同じ目標に向かって動くためには，管理（マネジメント）が必要不可欠となる。

　例えば，一般的に企業では規程や作業手順が作られ，そのルールを社員が守ることによって，企業の運営は成り立つ。このルールと，それらを実際に運用するための責任・権限の体系・仕組みをマネジメントシステムと呼ぶ。

　ISO 9000 シリーズには，現在 ISO 9001「品質マネジメントシステム－要求事項」と ISO 9004「組織の持続的成功のための運営管理－品質マネジメントアプローチ」がある。ISO

－77－

第4章　品質保証と品質管理

9004 は，構築した品質マネジメントシステムをさらに向上させるための指針であり，認証を必要とする規格ではない。

ｂ．認証機関

ISO 9001 などの ISO マネジメントシステム規格には「要求事項」と呼ばれる基準が定められている。第三者の認証機関は，組織がこの基準を満たしているかを審査し，満たしていれば，組織に対して認証証明書を発行する。直接利害関係のない認証機関が認証を与えることで，組織は社会的信頼を得ることができる。この仕組みが「マネジメントシステム認証制度」である。組織内だけでは気が付かない問題点を外部の視点から発見し，組織が是正措置をとることによって，マネジメントシステムを改善していくことが可能である。

ｃ．規格要求事項

ISO 9001：2015 をもとに邦訳された，JIS Q 9001：2015 の要求事項の項目一覧を示す（表4－2）。

表4－2　JIS Q 9001：2015（ISO 9001：2015）要求事項

まえがき		
序　　文		0.1　一般 0.2　品質マネジメントの原則 0.3　プロセスアプローチ 0.4　他のマネジメントシステム規格との関係
1	適用範囲	
2	引用規格	
3	用語及び定義	
4	組織の状況	4.1　組織及びその状況の理解 4.2　利害関係者のニーズ及び期待の理解 4.3　品質マネジメントシステムの適用範囲の決定 4.4　品質マネジメントシステム及びそのプロセス
5	リーダーシップ	5.1　リーダーシップ及びコミットメント 5.2　方針 5.3　組織の役割，責任及び権限
6	計画	6.1　リスク及び機会への取組み 6.2　品質目標及びそれを達成するための計画策定 6.3　変更の計画
7	支援	7.1　資源 7.2　力量 7.3　認識 7.4　コミュニケーション 7.5　文書化した情報

— 78 —

8	運用	8.1	運用の計画及び管理
		8.2	製品及びサービスに関する要求事項
		8.3	製品及びサービスの設計・開発
		8.4	外部から提供されるプロセス，製品及びサービスの管理
		8.5	製造及びサービス提供
		8.6	製品及びサービスのリリース
		8.7	不適合なアウトプットの管理
9	パフォーマンス評価	9.1	監視，測定，分析及び評価
		9.2	内部監査
		9.3	マネジメントレビュー
10	改善	10.1	一般
		10.2	不適合及び是正処置
		10.3	継続的改善

2 JIS

　JISとは，我が国の産業標準化の促進を目的とする産業標準化法に基づき，1949（昭和24）年に制定された国家規格である。

a．JISマーク表示制度

　JISマーク表示制度とは，産業標準化法に基づき，国に登録された機関（登録認証機関）から認証を受けた事業者（認証製造業者等）のみが，認証を受けた製品又はその包装等にマーク表示することができる制度である。

　JISマークと並んで普及している品質表示マークにJASマークがある。JAS（Japanese Agricultural Standard：日本農林規格）は，1950（昭和25）年「農林物資の規格化及び品質表示の適正化に関する法律」（JAS法）に基づき，農林物資の品質の改善，取引の単純公正化，生産・消費の合理化を図って制定された規格である。

　JISマークが一般工業製品を対象とするのに対し，JASマークは農林物資及び加工品を対象としている。どちらも国家に品質・技術が保証されていることになり，マークがついていることで，顧客に安心感を与えることができる（表4−3）。

第4章　品質保証と品質管理

表4－3　品質表示マーク

品質表示区分	内容（等）	表示マーク
JISマーク	鉱工業品に付される。	
	加工技術に付される。	
	性能，安全度などの特定の側面に付される。	
JASマーク	品位，成分，性能等の品質についてのJAS規格（一般JAS規格）を満たす食品や林産物などに付される。	
	特別な生産や製造方法についてのJAS規格（特定JAS規格）を満たす食品や，同種の標準的な製品に比べ品質等に特色があることを内容としたJAS規格（りんごストレートピュアジュース）を満たす食品に付される。	
	有機JAS規格を満たす農産物などに付される。有機JASマークが付されていない農産物と農産物加工食品には「有機○○」などと表示することができない。	
	生産情報公表JAS規格を満たす方法により，給餌や動物用医薬品の投与などの情報が公表されている牛肉や豚肉，生産者が使用した農薬や肥料などの情報が公表されている農産物などに付される。	
	製造から販売までの流通工程を一貫して一定の温度を保って流通させるという，流通の方法に特色がある加工食品。米飯を用いた弁当類（寿司，チャーハン等を含む）について認定を受けることができる。	

出所（表示マーク）：日本産業標準調査会，農林水産省

3 社内標準

　社内標準では作業標準が代表的な標準であり，その他，規定類や規格類・仕様書まで含めると多種多様なものになる（表4－4）。

表4－4　社内標準の分類

区　分	取決め	例
規　定	業務の内容・手順・手続き・方法に関する取決め	品質管理規定 苦情処理規定
規　格	品質に関する基準の取決め	製品規格 材料規格
標　準	仕事のやり方・進め方に関する取決め	作業標準 QC工程表
仕様書	外部に発注するときの品質や仕様に関する取決め	製品仕様書 材料仕様書

a．作業標準書

　作業標準を定め，文書化したものを作業標準書という。作業指導書・作業要領書などと呼ばれることもある。

　作業標準書は特に決まった様式はないが，作業手順が箇条書きで表され，略図が挿入されるものが一般的である（前掲の表3－10，図4－1）。

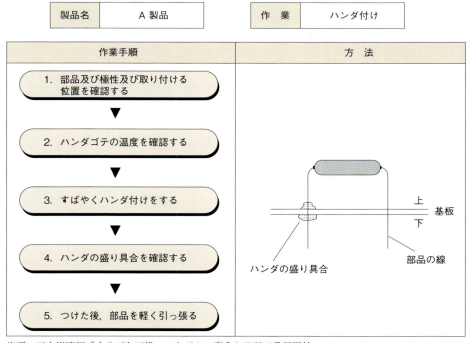

出所：五十嵐瞭編「まるごと工場コストダウン事典」日刊工業新聞社
図4－1　作業標準書の記入例

第4章　品質保証と品質管理

b．QC工程表

　QC工程表は，工程順に品質管理の要点を一覧化した作業標準書で，工程ごとに作成した作業標準書の総合目録の役割を果たす（表4－5）。

表4－5　QC工程表の記入例

QC工程表				適用品：×××××		図番：○○○○○		発行：○年○月○日			
フローチャート	工順	工程名	機械設備	管理特性		管理方法				確認方法	記録方法
				項目	規格	初物		定期			
						サンプリング	担当	サンプリング	担当		
◇	1	材料受入		材質	S25C			5ケ/受入	検査員	火花試験	検査票
				外径	φ20±0.1			〃	〃	マイクロメータ	〃
				きず，さび	なきこと			〃	〃	目視	〃
△	2	材料保管	倉庫	異品混入	なきこと			5ケ/倉出	倉庫員	目視	
○	3	外径切削	旋盤	外径	φ16±0.1	3ケ	作業者	5ケ/100ケ	作業者	マイクロメータ	作業票
				全長	75±0.3	〃	〃	〃	〃	ノギス	〃
				φ16長さ	30±0.3	〃	〃	〃	〃	〃	〃
○	4	二方取	フライス盤	方取巾	12±0.3	3ケ	作業者	5ケ/100ケ	作業者	ノギス	作業票
				方取長	15±0.5	〃	〃	〃	〃	〃	〃
○	5	穴明け	ボール盤	内径	φ6±0.1	3ケ	〃	5ケ/100ケ	作業者	栓ゲージ	作業票
▽	6	箱入れ	〃	数量	50ケ			箱ごと	作業者	目視	作業票

出所：『絵で見てわかる工場管理・現場用語辞典』編集委員会編「絵で見てわかる工場管理・現場用語事典」日刊工業新聞社

第2節 品質管理

製造二程では，人，機械設備，材料・部品などの生産要素について日常の品質管理をきめ細かに行っていく必要がある（図4-2）。

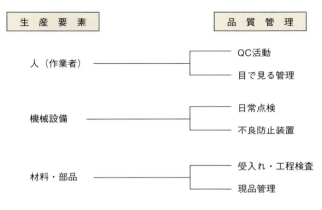

図4-2 生産要素と品質管理

1 人（作業者）

不良の発生要因についてみると，「不注意」「勘違い」「不慣れ」「連絡不足」など，人に起因する要因が実に多い。これらの要因に対処するために企業では作業の標準化を図り，QC（品質管理＝Quality Control）活動を展開し，目で見る管理などを推進し，不良の防止に努めている。

a．QC活動

職場でQC的な考え方を生かし，品質管理を進めることをQC活動という。QC的な考え方とは，事実に基づいて科学的に品質管理を進めることであり，データから事実を客観的につかむため，QC七つ道具などが使われ，科学的管理を進めるのにPDCAサイクルが回される（図4-3）。

QC活動を促進するためにQCサークルが編成される。現場の作業者や間接部門の職場などで小集団を形成し，身近な改善を進めていく活動である。

QCサークルは全社的な仕組みの上で成り立ち，1970年頃のTQC（Total Quality Control）の中で形成された。その後，TQCは海外でTQM（Total Quality Management）と呼称され，それに合わせて日本でもTQMと呼ばれるようになった。

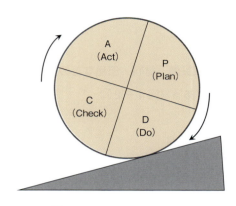

図4－3　PDCAサイクル

b．QC七つ道具

　QC七つ道具とは，特性要因図，パレート図，ヒストグラム，グラフ・管理図，散布図，層別，チェックシートを指す。これらはQC手法の中で最もやさしく，目で見て誰にでも分かりやすい。さらに，身の回りにある問題の多くはQC七つ道具をうまく使えば解決できるといわれている。

　以下にQC七つ道具の手法について述べるが，その他に新QC七つ道具（連関図，親和図，系統図，マトリックス図，マトリックス・データ解析，過程決定計画図（PDPC），アローダイアグラム），多変量解析，実験計画法などがある。

(1) 特性要因図

　特性要因図は，特性（結果）と要因（原因）の関係を魚の骨の形にまとめた図で，問題の原因を整理することができる（図4－4）。

(2) パレート図

　パレート図とは，工程で問題となっている不良品や手直し，クレーム，事故等について，その現象や原因別に分類してデータをとり，不良個数や手直し件数，損失金額等の多い順に並べて，その大きさを棒グラフで表し，累積折れ線グラフを重ねた図である（図4－5）。

(3) ヒストグラム

　ヒストグラムとは，数量化できる要因や特性データについて，そのデータが存在する範囲をいくつかに区分し，その区間の幅を底辺とし，その区間に含まれるデータの度数に比例する面積を持つ柱（長方形）を並べた図である。ばらつきを持った数多くのデータの全体の姿（分布），形を見やすく表すことができる（図4－6）。

第2節　品質管理

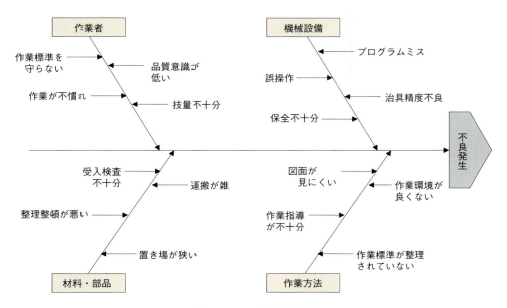

図4-4　特性要因図

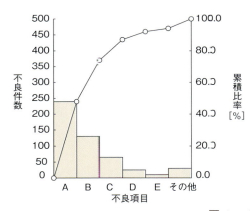

不良項目	不良件数	累積数	累積比率 [%]
			0.0
A	240	240	48.0
B	130	370	74.0
C	65	435	87.0
D	25	460	92.0
E	10	470	94.0
その他	30	500	100.0
計	500	500	100.0

図4-5　パレート図

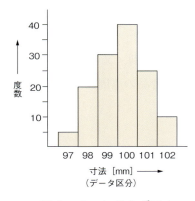

図4-6　ヒストグラム

— 85 —

(4) 管 理 図

　管理図は，工程における偶然原因によるばらつきと異常原因によるばらつきを判断して，工程を管理するために考案されたもので，中央線（CL）とその上下に合理的に決められた管理限界線（U_{CL}，L_{CL}）からなる。工程の状態を表す特性値がプロットされたとき，すべての点が上下2本の管理限界線内にあり，点の並び方に傾向がなければ，工程は「安定状態にある」とみなすことができる（図4－7）。

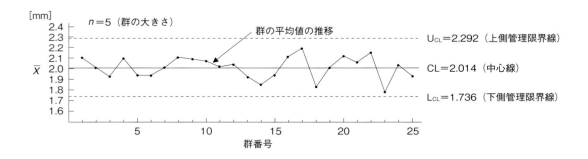

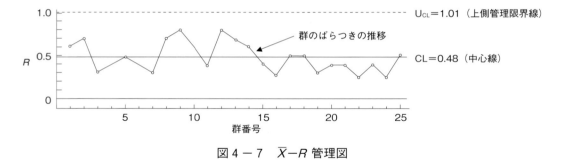

図4－7　$\overline{X}$－R 管理図

(5) 散 布 図

　散布図は，二つの変数の対になったデータを用いてそれぞれの変数を軸にとり，サンプルをプロットしたグラフで，変数間の関係（相関関係）をみるときなどに適している（図4－8）。

(6) 層　　別

　データを機械別，原材料別，作業方法別，又は作業者別等のようにグループ分けし，同じ共通点や特徴を把握することで，不適合品の原因究明や作業改善に活用することができる（図4－9）。

(7) チェックシート

　データの分類や項目別の分布，出現状況を把握することができる（図4－10）。

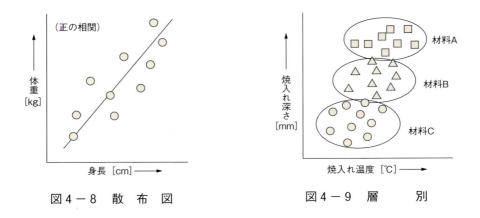

　　　図4-8　散　布　図　　　　　　　　　図4-9　層　　　別

図4-10　チェックシート

c．目で見る管理

　目で見る管理は，人間の判断を容易にし短時間で理解できる方策をいい，図表，ラベル，かんばん，ディスプレイ画面などの情報媒体を使うことはもとより，一目見てすぐ判断できる工夫として，色彩の違い，線引きなども有効活用される（図4-11，図4-12）。

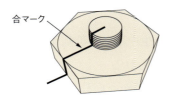

図4-11　色彩活用

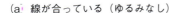

(a)　線が合っている（ゆるみなし）　　　(b)　線が合っていない（ゆるみあり）

図4-12　線引き活用

第4章　品質保証と品質管理

2 機械設備

　近年，機械設備が自動化・高度化する中で，機械設備の動向が品質に強い影響を与えるようになってきた。運転技能の向上とともに，設備保全の励行，不良防止装置の設置などが重要な品質管理要素である。

a．設備保全

　設備保全は機械設備の性能をできるだけ高い水準に維持する活動で，自主保全と専門保全に分かれる。自主保全は清掃・給油・増締めなど，作業者自身が取り組む保全業務をいい（表4－6），専門保全は設備スタッフが中心となって行う定期点検などの保全業務をいう。

表4－6　日常点検チェックシート

設備名：　　　　　　　　　　　　　　　　　○○月度　　　　　　　　　　　　　点検者：

No.	点 検 項 目	1	2	3	4	28	29	30	31
1	スイッチの作業は正常か								
2	油量は良いか								
3	ボルト，ナットのゆるみはないか								
4	異音，異臭はないか								
5	安全装置の状態は良いか								
6	油もれ，エアもれはないか								
7	スクラップ，油が飛散していないか								
8	機械にゴミ，汚れが付着していないか								
・	・								

（注）　○：良好　　△：要検査　　×：不良

b．不良防止装置

　不良防止装置は電気的・機械的な機構で，不良の発生を予防・抑制する仕組み（ポカヨケ，FP：foolproof）であり，大きくは三つのタイプに分けられる。

　一つめは品物の取付けに不具合があると品物が取り付かない仕組み（図4－13），二つめは加工段階で不具合が発生すると設備が停止する仕組み（図4－14），三つめは後工程へ不良品を流さない仕組みをいう（図4－15）。

— 88 —

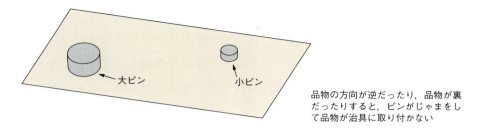

図4-13 品物が取り付かない不良防止装置

図4-14 設備が停止する不良防止装置

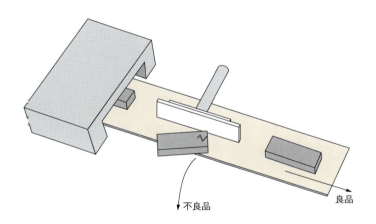

図4-15 後工程へ不良品を流さない不良防止装置

3 材料・部品

　品物の製造は，受入れ→保管→運搬→加工→運搬→停滞などの過程を経て進められる。不良は加工だけでなく，受入れ・保管・運搬・停滞段階でも発生する。

a．不良品の排除

　受け入れた不良品をそのまま加工すると加工後も不良品となるので，後工程への品質保証として受入検査・工程検査が実施される。

(1) 受入検査

購買先・外注先からの調達品は受入段階で品質検査を行うが，受入検査には全数検査と抜取検査の方式とがある。全数検査は一つずつ良品・不良品を選別し，発生した不良品は返却するという方式であり，抜取検査はロットの合格率が一定の水準に達しないとロット全体を返却し，品質改善を求める方式をいう。

(2) 工程検査

社内加工品においても品質保証の一環として，不良品を後工程へ送らないために，また，前工程から不良品を受け取らないために自主検査・順次検査（次工程検査）が実施される。

自主検査は自工程内で選別し，良品だけを後工程へ送ることをいい，順次検査は前工程で加工したものを次工程の人が点検し，良品は受け取るが不良品は前工程へ戻すことをいう（図4-16）。

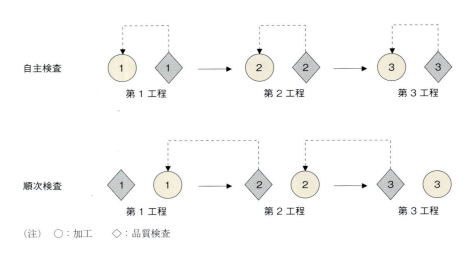

図4-16 自主検査と順次検査

b．現品管理

運搬・保管・停滞段階での材料・部品の取扱いを現品管理といい，現品管理も重要な品質管理の要素である。

(1) 運搬の品質管理

運搬時に起こる不良は，落下に伴うきず・数量差異・異物混入などがあり，不良を防止するには通路の整備，運搬具の適正化，荷姿の標準化，定数運搬などを推進していく必要がある。

(2) 保管・停滞の品質管理

保管・停滞時においても運搬時と同様，きず・数量差異・異物混入などが発生する。在庫の軽減に努めるとともに，入出庫管理・整理整頓をしっかり実施していく必要がある（図4-17）。

第2節　品質管理

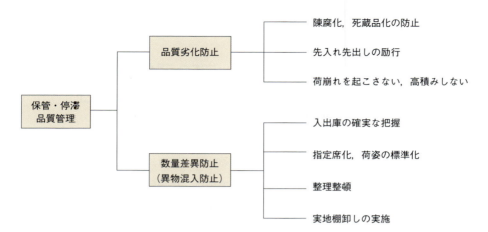

図4－17　保管・停滞への品質管理

第**3**節　検査と再発防止

　　検査は，品物が良品か不良品かを判定する仕事であり，検査データを提供する情報機能としても重要な役割を果たしている。検査方法は，検査目的や製品特性・製造形態により適切な検査方法が選択される（表4－7）。

表4－7　検 査 方 法

区　分	検査方法
工程系列	受入検査・工程検査・製品検査
検査数量	全数検査・抜取検査
検査場所	定位置検査・巡回検査・出張検査
検査項目	数量検査・外観検査・機能検査

1　工 程 系 列

　　工程系列に基づいて検査方法を区分してみると，受入検査・工程検査・製品検査に分けることができる。受入検査は，購買業者・外注業者から品物を受け入れてよいかどうかを判定する検査であり，工程検査は，次の工程へ渡してよいかどうかを判定する検査である。製品検査は製造の最終工程で行われ，製品として合格及び不合格を総合判定する検査である。

2　検　　　　査

　　一つずつ全部を検査するのが全数検査であり，検査をなくすことが無検査である。抜取検査は，ロットから一部のサンプルを抜き取り，統計学に基づく判定基準でロット全体の合格・不合格を決める検査方式をいう。

a．全 数 検 査

　　全数検査は，抜取検査に比べて検査工数・検査コストが掛かるので，限定的に適用される。人命に関わる品物や高額品の製品検査は，全数検査が原則である。また，不良率が高く，抜

— 92 —

取検査では品質保証ができない場合も全数検査が適用される。

b．抜取検査

抜取検査は，一般的にロットの大きさNからサンプルnをランダムサンプリング（無作為抽出）して試験し，不適合品数cを判定基準と比較して，そのロットの合否を判定する。合格したロットの中にはある程度の不適合品の混入を認める。

ロットの大きさをN＝1,000，サンプリング数をn＝20，判定基準［c＝0，1は合格，c≧2は不合格］としたとき，不適合品数c＝1であれば合格で，そのロットをすべて受け入れ，不適合品数c＝2であれば不合格で，そのロットを受け入れない（図4－18）。

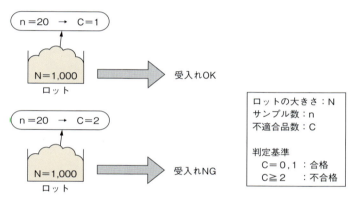

図4－18　抜取検査の概要

c．サンプリング

抜取検査でのサンプルは，母集団を正しく反映するためにランダムサンプリングが採用される。ランダムサンプリングは偏りなく全体からサンプルを抜き取ることであり，十分にかき混ぜた後，サンプルを抜き取ることが重要である。乱数表・乱数サイ（サイコロ）も使われる。乱数表は，0から9までの数字が不規則に並んだ表であり，乱数サイは，正二十面体のサイコロ（0から9までの数字が二つずつ入っているサイコロ）で，サイコロを投げて偶然出た目に従ってサンプルを収集する。

3 検査場所

所定の位置で行う検査が定位置検査であり，受入検査や製品検査では定位置検査が多い。一方，工程検査は検査員が巡回しながら検査することも多く，巡回しながらの検査方法を巡回検査と呼んでいる。そのほか出張検査もあり，これは外注先への立入検査や顧客のところに出かけて行う選別検査をいう。

4 検査項目

　機械工業での検査項目は，数量を調べる数量検査，外観・構造などを調べる外観検査及び計量検査・機能検査などに分けられる。計量検査は計測器で寸法・重量などを測定する検査であり，機能検査は試験機などで機能・使用品質を点検することをいう。機能検査では，耐久性・寿命などをテストする必要性から破壊検査も実施される。近年，環境負荷への影響度や省エネ効果なども重要な使用品質の要素となっている（図4－19）。

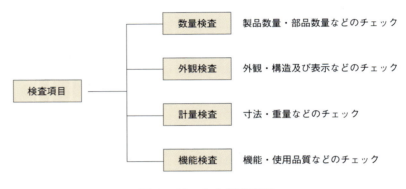

図4－19　主な検査項目

5 再発防止

　検査の結果，不良品が発生すると三つの経路に分かれ処理される。一つめは軽不良品（実用性にほとんど支障をきたさない不良）でそのまま格下げ製品として販売されるもの，二つめは軽不良品で手直しを行い良品化されるもの，三つめは重不良品（実用性を低下させるもの）及び致命不良品（人に危険を与えるもの）で廃棄されるものである（図4－20）。

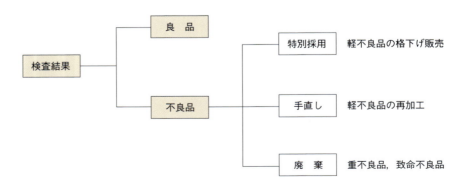

図4－20　検査結果と不良品の処置

a．要因解析

　不良品が発生すると，不良要因を解析するためにQCサークル等を開いたり，過去の資料分析を行ったり，新たに実態調査を実施して不良要因の解析を行う。本章第2節で記述したQC七つ道具を駆使し，効率的に要因を特定することが重要である。

b．再発防止

　要因解析が終わると，次は再発防止策の検討であり，ブレーンストーミング[注]なども使って再発防止策を絞り込む。実施後の管理状態もみる必要があり，安定状態にあれば作業標準の改訂を行う。

c．標準化

　再発防止を行っていても歯止めがしっかりできていないと再発する場合がある。歯止めとは再発防止のための手段や方法で，それを正しく実行するためには標準化が必要である。標準化とは「誰がやっても，正しく維持管理できる方法」で，まとめ方は「5W1H」で分かりやすく整理することが必要である。

　「5W1H」とは英語の頭文字とその数を表したもので，What（何を），When（いつ），Who（誰が），Where（どこで），Why（どうして・なぜ），How（どのように）を正しく決めることで，問題の再発防止策が完了となる（表4－8）。

　標準書どおりに作業できるように教育や訓練を行い，定期的に標準書どおりに作業しているかどうか，確認することが重要である。

表4－8　標準化と管理の定着例

	例1	例2	例3	例4
What 何を	締付トルク管理	加工穴の精度管理	標準作業厳守管理	油圧タンク油量管理
When いつ	3回／日	1回／10台	1回／週	1回／週
Who 誰が	作業担当者	作業担当者	監督者	作業担当者
Where どこで	品質チェック工程	品質チェック工程	製造工程	機械Aの油圧タンク
Why なぜ	締付トルク正否判定	加工穴の正否判定	標準作業の厳守判定	油漏れのチェック
How どのように	トルクレンチ測定	径，深さゲージ測定	標準作業要領書で確認	日常保全チェックシートで確認

注）ブレーンストーミング：自由奔放に意見を出し合う討議方法で，次の四つのルールがある。
　①批判禁止　②質より量　③自由奔放　④結合・便乗。

第5章

生産工学概論

設備管理と環境保全

第5章　設備管理と環境保全

近年，機械設備の自動化・高度化が進展し，設備管理の重要性が高まっている。設備管理は，設備計画から始まって設備運転・設備保全・廃棄に至るまで，設備の一生涯を管理する仕事である（図5－1）。

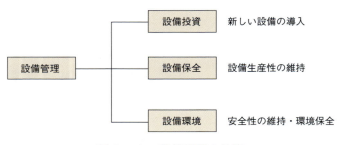

図5－1　設備管理の仕事

第1節　設備投資

　設備投資の主体となるものは生産機械・運搬貯蔵機器・情報機器などであり，いずれも高額な投資を伴うので，導入に当たっては技術面と経済面の両面から導入の妥当性を検討する必要がある。
　技術面では，性能・精度・寿命などの信頼性，及операций操作性・保全性・安全性などを検討する必要があり，経済面では，価格・維持費・投資利益率・回収期間などが検討の重要な要素である。

1 設備投資の目的

　設備投資の目的は，「技術力の向上」「合理化の推進」「生産能力の増強」などの生産革新形の投資と，人の安全性や環境保全などの安全環境投資に分けることができる（図5－2）。

図5－2　設備投資の目的

a．技　術　力
　企業競争力を高めるには，技術の向上・品質の向上が欠かせない。ハイテク製品に数値制御（NC）・マシニングセンタ（MC）などのメカトロ機器を導入して新技術の育成を図る投資は，技術力向上投資の代表例である。

b．合　理　化
　合理化を進める投資では，自動化・省力化関連の投資が多い。数値制御（NC）・マシニン

グセンタ (MC)・ロボット・自動組立機・自動倉庫・CAD／CAM など，自動化・省力化を主体とした投資といえる。

c. 生産能力

負荷に対し生産能力が慢性的に不足してくると，納期への対応力を高めるために設備投資が検討される。生産能力増強の設備投資は，生産革新の程度により次の四つに類別することができる。一つめは現有製品の増産に現有機種を増設する投資，二つめは現有製品の増産に新機種を導入する投資，三つめは新製品の生産に現有機種を引き当てるケース，四つめは新製品の生産に新機種を導入し，新ラインを敷設する投資である（表5－1）。

表5－1　設備投資と製品の関係

設備投資＼製品	現製品	新製品
現機種	設備増設	設備改造
新機種	設備更新	新ライン

d. 安全・環境

生産活動に対する間接的な投資として，安全・環境投資がある。安全面では危険作業に対する安全投資，厚生面では食堂・休憩室などへの厚生投資，環境保全面では公害防止装置・省エネ装置などへの投資である。

2 経済計算

設備投資は，技術革新を促し工場体質を強化する一方で，資金負担を増加させ，コストアップの要因ともなるので，導入前に有利な設備案を検討する必要がある。経済計算には多くの手法があり，中でも正味現在価値法・投資利益率法・資本回収期間法が広く普及している（図5－3）。

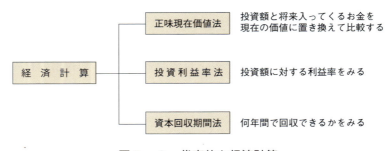

図5－3　代表的な経済計算

ａ．正味現在価値法

　正味現在価値法は投資により生み出されるキャッシュフロー[1]の現在価値[2]と初期投資額を比較することで，その投資を評価する方法である。将来のキャッシュフローに時間価値，投資リスク，不確実性を割引率に組み込むことが可能であるが，割引率の設定が難しく，割引率の明確な根拠の説明が必要となる。

　表5－2は6,000千円を投資し，割引率を10％として計算した結果，純額は＋1,548千円なので投資したほうがよい，ということになる。

表5－2　正味現在価値法

割引率10%	現在 ［単位：千円］	1年目	2年目	3年目	4年目
キャッシュフロー	△6,000	1,000	2,000	3,000	4,000
割引計算	－	$1,000 \div 1.1$	$2,000 \div 1.1^2$	$3,000 \div 1.1^3$	$4,000 \div 1.1^4$
現在価値	△6,000	909	1,653	2,254	2,732
純額	$-6,000 + (909 + 1,653 + 2,254 + 2,732) = 1,548$ 千円				

ｂ．投資利益率法

　投資利益率法は，投資額に対する営業利益（又は原価節約額）の割合をみるもので，投資利益率の良し悪しで投資の経済性を判断する方法である。借入金利率を上回ることが最低条件である。

$$投資利益率 = \frac{営業利益（原価節約額）}{設備投資額} \times 100 ［\%］$$

ｃ．資本回収期間法

　資本回収期間法は，何年で設備投資額が回収できるかをみるもので，回収期間が短いほど有利とする考え方である。回収期間は，設備投資額を償却前利益で割って求める。投資の安全性をみるのに適した手法である（表5－3）。

$$回収期間 = \frac{設備投資額}{償却前利益} ［年］$$

$$= \frac{設備投資額}{原価節約額 + 減価償却費} ［年］$$

---

1)　キャッシュフロー：現金の流れを意味し，企業活動によって実際に得られた収入から，支出を差し引いて手元に残る資金の流れのことをいう。
2)　現在価値：発生する時期が異なる貨幣価値を比較可能にするため，将来価値が現時点ではいくらに相当するかを，割引率を使って割り引いて計算した価値のことをいう。
　　将来価値 ÷（1＋割引率）＝現在価値
　　現在価値 ×（1＋利率）＝将来価値

第5章　設備管理と環境保全

表5－3　資本回収期間法

項　目	単　位	A 機械	B 機械
設備投資額	千円	10,000	20,000
営業利益 （原価節約額）	千円／年	500	3,000
減価償却費	千円／年	2,000	4,000
資本回収期間	年	4.0年	2.9年

（注）　B機械のほうを選択する。

第2節　設備保全

　設備保全は，経済的な方法で機械設備の効率を維持・向上させる活動で，自主保全と生産保全に分けることができる。自主保全は，作業者自身が行う日常の保全活動であり，生産保全は，専門スタッフが中心となって行う定期点検・修理などの活動をいう（図5－4）。

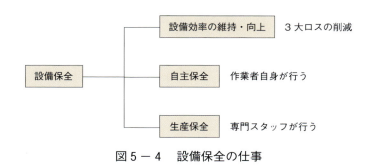

図5－4　設備保全の仕事

1 設備効率

　最適な機械設備を選定し導入を図った後は，設備効率の維持・向上に努めていく必要があり，特に中心となる機械設備は，設備効率の動向が工場全体の生産性に大きな影響を与えるので，設備保全が重要視される。

　設備効率の維持・向上のためには，三つのロスを削減する必要がある。一つめは機械設備の稼働停止をいかに減らすか，二つめは機械設備の性能ロスをいかに減らすか，三つめは加工不良をいかに減らすかである（図5－5）。

a．設備総合効率

　設備効率を把握するために設備総合効率という指標が利用される。設備総合効率は，時間的・速度的・品質的にみて，どの程度，機械設備の能力を引き出しているかを総合的に判断する指標である（図5－6）。

第5章　設備管理と環境保全

$$設備総合効率 = 時間稼働率 \times 性能稼働率 \times 良品率 \ [\%]$$
$$\ \ \ \ \ \ \ \ \ \ \ \ \ \ \ 〔時間的〕\ \ \ \ 〔速度的〕\ \ \ 〔品質的〕$$

$$= 価値稼働時間 \div 負荷時間 \ [\%]$$

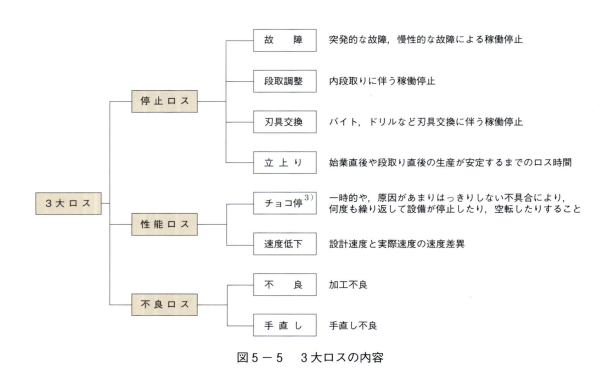

図5-5　3大ロスの内容

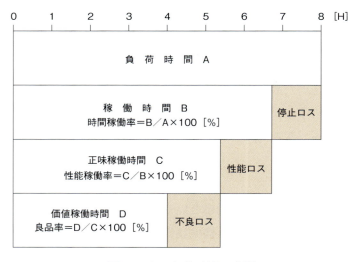

図5-6　負荷時間の内訳

---

3) チョコ停は，短時間の停止でも生産には大きな影響があるため，根本的な不具合の改善が必要となる。

(1) 時間稼働率

時間稼働率は，負荷時間に対する稼働時間の割合をみるものである。稼働時間は，負荷時間から停止ロス時間（故障・段取調整など）を差し引いて求めることができる。

$$時間稼働率 = \frac{稼働時間}{負荷時間} \times 100 \ [\%]$$

$$= \frac{負荷時間 - 停止ロス時間}{負荷時間} \times 100 \ [\%]$$

(2) 性能稼働率

性能稼働率は，稼働時間に対する正味稼働時間の割合をみるものである。正味稼働時間は，稼働時間から性能ロス時間（チョコ停，速度低下）を差し引いたもので，設計サイクルタイムに加工数量を掛けて求めることができる。

$$性能稼働率 = \frac{正味稼働時間}{稼働時間} \times 100 \ [\%]$$

$$= \frac{稼働時間 - 性能ロス時間}{稼働時間} \times 100 \ [\%]$$

$$= \frac{設計サイクルタイム \times 加工数量}{稼働時間} \times 100 \ [\%]$$

(3) 良品率

良品率は，良品数量を加工数量で割って求めることができる。良品数量は，加工数量から不良数量を差し引いたものである。

$$良品率 = \frac{良品数量}{加工数量} \times 100 \ [\%]$$

$$= \frac{加工数量 - 不良数量}{加工数量} \times 100 \ [\%]$$

b．設備総合効率の算出例

設備総合効率の計算式に従って時間稼働率・性能稼働率・良品率を算出し，各々を掛け合わせることにより設備総合効率を求めてみる。

【計算例】

- ・1日の負荷時間　　　　460分／日
- ・1日の停止時間　　　　 60分／日
- ・設計サイクルタイム　　0.5分／個
- ・1日の加工数量　　　　600個／日
- ・1日の不良数量　　　　 10個／日

第5章　設備管理と環境保全

$$時間稼働率 = \frac{460 - 60}{460} \times 100 = \frac{400}{460} \times 100 = 87.0 \; [\%]$$

$$性能稼働率 = \frac{0.5 \times 600}{400} \times 100 = \frac{300}{400} \times 100 = 75.0 \; [\%]$$

$$良　品　率 = \frac{600 - 10}{600} \times 100 = \frac{590}{600} \times 100 = 98.3 \; [\%]$$

$$設備総合効率 = 0.870 \times 0.750 \times 0.983 \times 100 = 64.1 \; [\%]$$
$$= (300 \times 0.983) \div 460 \times 100 = 64.1 \; [\%]$$
〔価値稼働時間〕〔負荷時間〕

2 自 主 保 全

　自主保全は，作業者が日常の点検から異常の発見，部品の交換・修理に至るまで，自分で
やりとおすことを目指した活動である。自主保全の進め方は，七つのステップを踏んで進め
るよう標準化されており，第1ステップから第3ステップまでは清掃を中心とした活動，第
4ステップから第5ステップは潜在欠陥を復元する活動，第6ステップから第7ステップは
標準化と改善を定着させる活動となっている（表5－4）。

表5－4　自主保全の七つのステップ

ステップ	目　　的	自主保全活動
1	基本条件の整備	清掃点検（初期清掃）
2		発生源・困難箇所対策
3		清掃・給油基準の作成
4	潜在欠陥の復元	総点検
5		自主点検
6	標準化と改善の定着	維持管理
7		自主管理

a．基本条件の整備（第1～第3ステップ）

　清掃点検は初期清掃ともいわれ，自主保全のスタート活動である。外観のゴミ・汚れ，及
び作業部分（回転部分・摺動部分など）のゴミや汚れも落とし，不具合箇所が見つかれば復
元を図る活動である。清掃・給油を励行するため，行動基準を作成する（表5－5）。

— 106 —

表5-5 不具合箇所の点検

項　目	不具合箇所の内容
汚　れ	①汚れている　　　　　　②異物が付着している　③ゴミが詰まっている
油異常	①油量が不足している　　②油が汚れている　　　③フィルタが詰まっている
ゆるみ	①ボルトがゆるい　　　　②部品が摩耗している　③ガタ，振動がある
温度異常	①油圧タンクの温度異常　②モータの温度異常　　③ヒーターの温度異常

b．潜在欠陥の復元（第4～第5ステップ）

　第4ステップに，第3ステップまでに摘出できなかった潜在欠陥を総点検し，不具合箇所が見つかれば自主保全と専門保全で復元を図る活動である。復元後は，点検活動を効率的に進めるために，自主点検基準を作成する（図5-7）。

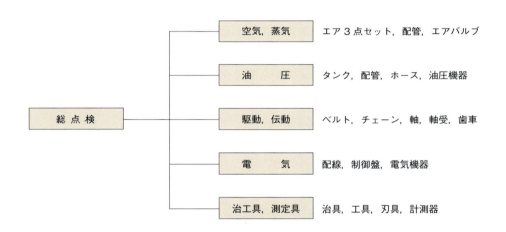

図5-7　潜在欠陥の総点検

c．標準化と改善の定着（第6～第7ステップ）

　第5ステップまでは機械設備本体及び付属機器を中心とした保全活動であり，第6ステップ以降は，その他の生産要素（材料・製品・運搬具・治工具・管理資料など）も含めて保全活動を展開する。整理整頓・標準化を幅広く推進する活動である。

(1) 整　　理

　整理の原則は，使うものの置き場をきちんと標準化し，使ったものをきちんと元に戻すことである。不要物を排除し，安全で効率的な作業場を目指す。

(2) 整　　頓

　整頓の原則は，使うものがどこにあるのか一目で分かり，すぐに取り出せるよう標準化することであり，目で見る管理が展開される（図5－8）。

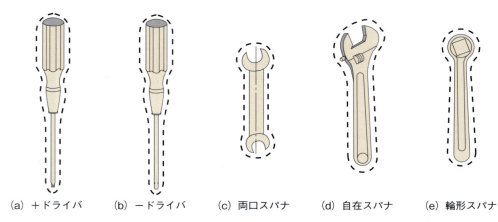

図5－8　工具の目で見る管理

(3) 自主管理

　最後の第7ステップは，第1ステップから第6ステップまでの自主保全活動を「しつけ」として定着させる活動であり，また，設備の信頼性・保全性・操作性を，さらに高めるための改善活動を進めるステップでもある。

3 生産保全

　生産保全（Productive Maintenance：PM）とは，設備の開発から廃棄までの一生涯にわたるコスト（ライフサイクルコスト，Life Cycle Cost：LCC）を引き下げて，企業の生産性を高めることをいう。そして，この生産保全を達成するために，予防保全，改良保全，事後保全，保全予防を組み合わせて行う（図5－9）。この生産保全をさらに進展させた，全員参加の生産保全をTPM（Total Production Maintenance）活動と呼んでいる。
　「専門保全」は保全部門の保全員が，突発故障対応や定期的な予防保全を行うことで，「自主保全」と区別している。

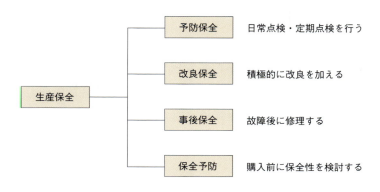

図5-9 生産保全の方式

a. 予防保全

　予防保全は,設備保全の中でも中心的な活動であり,日常点検と定期点検が主な仕事である。日常点検は主として自主保全で行い,清掃・給油・増締めの励行で設備劣化を防止する。定期点検は主として専門保全で行い,計画的に設備状態を点検し,悪い箇所があれば修理に当たる活動である。

(1) 保全計画

　定期点検を実施するには,年度計画・月度計画・個別工事計画の立案が必要である。年度計画は1年間に行う保全計画の概要を明らかにするもので,月度計画は確率の高い実施計画であり,個別工事計画は改造・オーバーホールの詳細な実施計画をいう。

(2) 保全記録

　保全活動の結果は記録に残され,その後の保全活動に有効活用される。日常点検の記録から設備の劣化状態を知り,状態に応じて劣化回復の処置をとることができる。また,定期点検の記録から部品の寿命を推定し,改良保全の時期を決めることができる。

　保全指標では,MTBF(平均故障間隔,Mean Time Between Failure)の故障指標が広く普及しており,MTBFは,故障が起きてから次の故障が起きるまでの設備の作動時間をいう。MTBFが短くなると,改良保全の必要性が高まる。

(3) 予知保全

　近年,定期点検に代わる信頼性の高い保全方式として予知保全が増えている。予知保全は,設備診断機器を用いて設備の運転状態を科学的に診断し,状態に応じて保全を行う予防保全の方法をいう。故障損失の大きい設備や修繕費の高い設備は予知保全が有利であり,回転機械の振動分析は予知保全の代表例といえる。

　あらゆるものがインターネットにつながるIoT(Internet of Things)技術の発展により,ネットワーク接続とソフトウェア,センサーを活用することで,工場で稼動する設備の遠隔保守や稼動状況の管理,また正確な故障予知などが可能となった。

b. 改良保全

　改良保全は積極的な保全であり，改良を加えることにより生産性・保全性を高める目的で実施される。設備の経年変化を故障面からみると，三つのステップに分けることができ，導入当初の初期故障期，安定期の偶発故障期，故障が多くなる摩耗故障期の三つである。改良保全が特に必要となるのは第三段階の摩耗故障期であり，摩耗や老化で故障率が上昇するため，部品交換や修理・改造で故障率を下げていく必要がある（図5－10）。

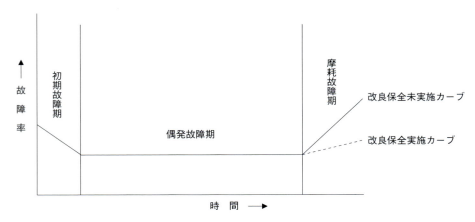

図5－10　設備の故障率カーブ（バスタブ曲線）

c. 事後保全

　事後保全は故障が起きてから修理する保全方式で，稼働率の低い設備は，予防保全より事後保全のほうが経済的に有利である。

d. 保全予防

　保全予防は，設備を計画する段階で保全性を重視する考え方で，設備導入に当たって性能・精度・寿命などの信頼性，及び保全性・操作性・安全性などを総合評価し，評価の優れた設備を導入しようとするものである。

第3節　設備環境管理

設備環境管理は設備を環境面から管理することで，労働安全衛生の維持・向上，公害防止，環境保全などの活動をいう（図5-11）。

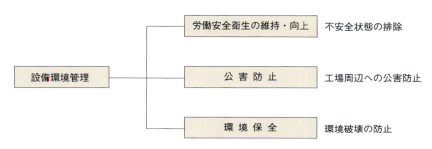

図5-11　設備環境管理の仕事

1 労働安全衛生

基本法令として労働安全衛生法があり，危険及び健康障害を防止するための措置を義務付けている。職場環境の構築と個別の安全対策を，並行して進めていく必要がある。

a．環境条件

環境条件には物理的条件と化学的条件とがあり，物理的条件は温度・湿度・照度・騒音・振動などの状況をいい，化学的条件は有害ガス・蒸気・粉じんなどの発生状況をいう。それぞれ適正な環境条件を設定しての維持管理が必要である。

b．設備配置

設備配置は，工程順の配置・直線の配置・直角の配置が基本原則である。工程順の配置とは加工する順番に設備を配置することであり，直線配置とは人や品物の移動は直線的に行うことをいい，また，直角の配置とは曲がるときは直角に曲がることをいう。

通路では，移動に支障がないよう十分な通路幅を確保し，作業領域との区分を明確に行う必要がある。作業領域内では円滑な動作環境が持続できるよう適正空間を確保するとともに，部品・治工具などの整理整頓をしっかり行っていく必要がある（図5-12）。

第5章　設備管理と環境保全

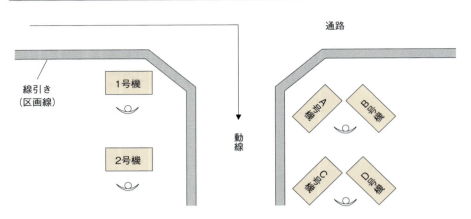

図5-12　直線・直角の動線と区画線

c．安全装置

　設備の安全衛生を確保するためには，設備の劣化（振動・発熱・異常音・ゆるみ・ガタ・異臭など）を早く知り，微欠陥のうちに復元しておくことが重要である。危険な箇所には安全装置などを取り付けなければならない。

(1) 危険を警告する装置

　危険を警告する装置は，不安全行動をとらないよう事前に危険を知らせる装置であり，危険な箇所に触れたり，近づいたりしないよう区画線を設けたり，標識を設置したりする。例えば，立入禁止区域に近づいた場合などでは，ブザーなどを鳴らして警告する（図5-13）。

図5-13　安全標識

(2) 危険から守る防護装置

　危険を警告するだけでは不十分な場合，異常の発生に備えて防護装置をつける。安全カバー，危険防止装置，人間に取り付ける保護具などがある。

　安全カバーは，身体と接触する危険性のある箇所や切粉飛散・粉じん飛散などを防止するために設置される。

危険防止装置は，異常が発生した場合，災害に至らないよう危険因子を排除するための防護装置である（図5－14）。

保護具は個人に着ける防護装置で，ヘルメット・安全靴・安全めがね・防じんマスクなどをいう。

図5－14　個人に着ける防護装置

2 公害防止

公害とは，工場周辺の人々などに対し，生活面・健康面で被害を及ぼすことをいう。地球環境保護が強く叫ばれる今日，公害防止は重要な社会的品質となっている。

a．公害要素と発生源

大気汚染・水質汚濁・土壌汚染・騒音・振動及び悪臭などが代表的な公害要素であり，騒音・振動・悪臭の三つを総称して感覚公害という。公害要素の発生源には，工場から排出される煤煙・粉じん・排水・廃棄物などのほかに，加工時・運搬時の衝撃などがある（表5－6）。

b．公害防止

公害に歯止めを掛けるための法令が定められており，基本となる法令は公害対策基本法である。公害対策基本法は，企業が公害防止のために必要な措置をとること，国や公共団体の公害防止に協力することをうたっている。関連する公害法には，大気汚染防止法・水質汚濁

防止法・騒音規制法・振動規制法・悪臭防止法などがある。

公害対策の第一目標は，法令で定める規制基準以下に公害要素を抑えることであり，基準を超える場合は，適切な公害防止設備を稼働させなければならない（図5−15）。

表5−6 公害要素と発生源

発生源＼公害要素	大気汚染	水質汚濁	土壌汚染	感覚公害		
				騒音	振動	悪臭
煤煙，粉じん	■					
排　水		■				
廃棄物			■			■
加工時の衝撃				■	■	
重量物の取扱い					■	

（注）■：発生源と公害要素との相関性が強い。

図5−15 公害防止設備の例

3 環境保全

工場の周辺地域に被害が及ぶことを公害，より広い地域に被害が及ぶことを環境破壊という。フロンによるオゾン層破壊，二酸化炭素による地球温暖化，硫黄酸化物による酸性雨発生などは大きな国際問題となっている。公害源を排出しないことはもとより，省エネルギー・省資源・廃棄物削減・リサイクルといった環境保全対策に積極的に貢献することが求められている。

一方，工場内の環境が，直接生産品の品質に直接影響するケースも多く，継続的な環境維

第3節　設備環境管理

持活動が必須となる。

　なお，環境保全で，特に留意すべきことは，火災を発生させないための環境維持活動である。

a．ISO 14000 シリーズ

　1992（平成4）年にブラジル・リオデジャネイロで地球環境問題を協議する「地球サミット」が開かれ，「持続可能な開発」を目指した基本理念である「リオ宣言」，行動計画として「アジェンダ21」が採択された。この「持続可能な開発」を進めるために「循環型社会への転換」が必要であり，その構築のため同年に国際的な経済人の会議で国際的なルールづくりが提言され，1996（平成8）年，この提言を受けた環境マネジメントシステムの国際規格として ISO 14001（環境マネジメントシステム）が発行され，それに伴い翻訳版が JIS 化された。

　その後，ISO 14020（環境ラベル及び宣言），ISO 14040（ライフサイクルアセスメント）などが発行され，シリーズ化された。これらの規格のうち，認証取得の対象となるのは ISO 14001 である（表5－7）。

表5－7　ISO 14000シリーズの概要（制定済）

（2017年7月現在）

規格名	番　号	規格概要
環境マネジメントシステム	14001	要求事項及び利用の手引
	14004	実施の一般指針
環境マネジメント	14015	用地及び組織の環境アセスメント
環境ラベル及び宣言	14020	一般原則
	14021	自己宣言による環境主張（タイプⅡ環境ラベル表示）
	14024	タイプⅠ環境ラベル表示－原則及び手続
	14025	タイプⅢ環境宣言－原則及び手順
環境パフォーマンス	14031	環境パフォーマンス評価－指針
ライフサイクルアセスメント	14040	原則及び枠組み

b．ISO 14001

　ISO 14001 の目的は，環境負荷を軽減させる経営の仕組みを構築することである。企業が環境負荷の実態を把握した上で環境負荷を軽減させる方針と目標を明確にし，これを実現するための仕組みとして環境マネジメントシステムを確立して文書化し，実施・維持し，反省・評価し，さらなる軽減活動を推進することを目的としている。

　環境マネジメントシステムが ISO 14001 に適合していると認証機関から認められれば，認証取得を受けることができる（図5－16）。

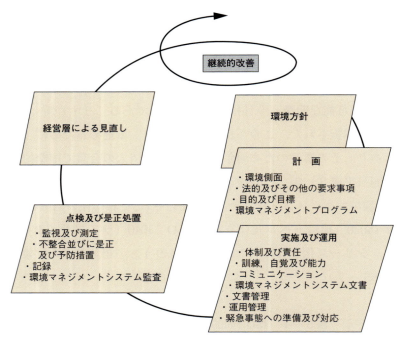

図5−16　ISO 14001のPDCAサイクル

出所：環境省

(1) 環境方針

　環境負荷の継続的改善や汚染の防止，法の遵守などを誓約し，環境方針を設定する。

(2) 計　画

　原材料・エネルギーなどの消費量，及び環境負荷の程度について調べ，対策プログラムを明確にし，目標設定する。企業などにおける仕事環境への影響に対する要因のことを「環境側面」という。環境側面を抽出し，特に著しい環境影響を持つ環境側面を決定し，管理することが重要である。これら管理することがマネジメントである。

(3) 実施及び運用

　計画を実施するための体系（責任権限）を決め，仕事の進め方や運用基準を文書化して，運用管理する。目的・目標を達成するために，必要に応じて教育訓練を実施したり，必要な力量（スキル）を備えることも必要である。

(4) 点検及び是正措置

　目標に対して実績を測定・点検し，不具合があれば是正措置や予防措置を取り，記録に残す。企業内で環境マネジメントシステムがうまく機能しているか，自社内で資格を有した監査員による監査を実施し，認証を受ける場合は，認証機関の監査も受ける。

（5）経営層による見直し

　以上の結果について，経営者自らが見直しを行い，必要に応じて方針・目標・システムの修正を行う。

c．ISO 9000 シリーズと ISO 14000 シリーズ

　ISO 9000 シリーズと ISO 14000 シリーズの国際規格を比較してみると，どちらも管理するための仕組み（システム）の規格であり，内容を文書に表し，維持・管理していくという点では類似している。

　異なる点といえば，ISO 9000 シリーズが品質の維持を目的としているのに対し，ISO 14000 シリーズは環境負荷の低減を目的としていることである。

　もうひとつ異なる点は，ISO 9000 シリーズが製品購入やサービスを受ける者の品質要求事項を遵守し，満足させる品質を提供することを主眼としているのに対し，ISO14000 シリーズは外部から与えられるものではなく，自らの調査と解析で方針・目標を設定し，継続的改善を行う点である（表5－8）。

　この二つの規格は，今まで各規格で章立てや要求事項，用語・定義が異なったため，規格間の整合が取りにくく，それらを統合して運用することが容易ではなかった。しかし2012（平成24）年2月にISOマネジメントシステム規格共通要素が承認され，ISO 規格の整合性が高められた。2015（平成27）年の ISO 9001 と ISO 14001 の規格改訂では，この共通要素が採用され，各ISOマネジメントシステム規格の要求事項は多くの部分が共通となり，用語・定義を含めた全体の整合性が高められた。品質マネジメントシステム固有要求事項，例えば「商品・サービスの外部からの提供の管理」，「商品製造及びサービス提供」，「商品・サービスのリリース」，「不適合商品・サービス」などの要求事項が共通要素に追加されている。

表5－8　ISO 9000シリーズとISO 14000シリーズの比較

規　格	目　的	システム	影響範囲
ISO 9000 シリーズ	品質の維持・保証	品質要求事項の遵守，品質の継続的改善	製品購入やサービスを受ける取引関係者
ISO 14000 シリーズ	環境負荷・リスクの低減	自らが設定する方針・目標の継続的改善	取引関係者にとどまらず一般市民も含む

第6章

生産工学概論

製造原価と原価計算

第6章 製造原価と原価計算

製造原価は製品を作るために消費される製造に要する費用であり，生産の3要素（材料・人・機械設備）の消費により材料費・労務費・経費に分類される（図6－1）。

製造原価を把握するために原価計算が行われ，原価計算の結果が原価管理の指針となる。

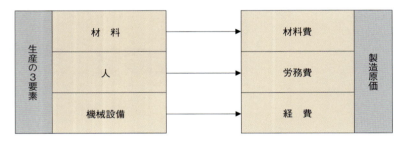

図6－1　生産の3要素と製造原価の関係

第1節 製造原価

　製造原価は，特定の製品に直接帰属するかどうかで直接費と間接費に分けられる。直接費は特定の製品に直接帰属する原価で，間接費は多くの製品に共通的に発生する原価をいう。原価計算では，直接費は特定製品に直接賦課し，間接費は適切な配賦基準を設けて特定製品に配賦を行う（図6－2）。

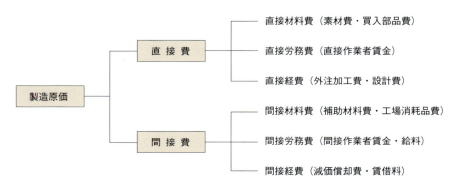

図6－2　製造原価の構成

1 材 料 費

　材料費は材料に消費される原価で，素材費・買入部品費・補助材料費・工場消耗品費・消耗工具器具備品費に細分類される。

a．直接材料費
　製品に残存する材料と，容器・包装など生産量に比例する材料を，直接材料という。
（1）素 材 費
　素材費は製品に直接消費され，製品に再現化されるもので，機械工業では棒材・線材・板材・管材などがこれに当たる。
（2）買入部品費
　購入部品とは，他企業から買い入れ，そのまま製品に取り付ける部品をいう。

ｂ．間接材料費

多数の製品に消費され，製品への消費が特定できない材料を間接材料という。

（1）補助材料費

補助的に消費される材料で，修繕材料・燃料・塗料などがこれに当たる。

（2）工場消耗品費

補助材料と工場消耗品との判別は，補助材料が貯蔵品扱いであるのに対し，工場消耗品の場合，原価計算では購入時にすべて消費されるとみなし，処理する点である。薬品・油類・雑品（くぎ・ねじ類）などがこれに当たる。

（3）消耗工具器具備品費

法定耐用年数が１年未満，又は購入額10万円未満に相当する工具・器具・備品をいう。ドライバ・スパナ・バイト・ドリル・計測器・治具・棚・キャビネットなどがこれに当たる。

2 労　務　費

労務費は労働の消費によって生じる原価であり，賃金・給料・雑給・従業員賞与手当・退職給与引当金繰入額・法定福利費などに細分類される。

ａ．直接労務費

直接労務費とは，直接作業者に対する直接賃金を指し，基本賃金に時間外，その他の割増金・加給金を含めたものをいう。

ｂ．間接労務費

間接作業に対して支払う賃金・給料・雑給・従業員賞与手当などが，間接労務費である。

（1）間接作業者賃金

間接作業者（段取工・運搬工・清掃工など）に対して支払う賃金をいう。

（2）給　　　料

職員に対する給与である。

（3）雑　　　給

パート・アルバイトなどの人に支払う給与が，これに当たる。

（4）従業員賞与手当

製造部門すべての人に支払う賞与手当を指す。

（5）その他

退職給与引当金繰入額，法定福利費（健康保険料などの事業主負担分）などがある。法定以外の福利厚生費は経費に算入し，労務費には含めない。

3 経　費

材料費・労務費を除いた原価要素は，経費扱いとなる。

a．直接経費

直接経費は製品に直結した経費で，外注加工費・設計費・試作費・特許権使用料などが挙げられる。

b．間接経費

間接経費は製品に直結させることができない経費で，減価償却費・賃借料（リース料・レンタル料）・保険料・修繕料・電力料・ガス料・水道料などがある。

業種によっては，間接経費の電力費やガス費が生産量に比例する場合は，直接経費と間接経費に分ける場合がある。

(1) 減価償却費

建物や機械設備，運搬装置などの固定資産（耐用年数1年以上，又は取得価格10万円以上）は，減価償却を行って経費を計上する。平成19（2007）年に税制改正が行われたため，減価償却は，資産の取得日が平成19年4月1日以降の場合は定額法，定率法などで，平成19年3月31日以前に取得した場合は，旧定額法，旧定率法などで計算を行う。

定額法は，毎年一定の額を償却していく償却法である。

定率法は，毎年その期首の未償却残高に対して一定の率を償却していく償却法である。

これら二つの方法による減価償却を図で表すと，図6-3のようになる。

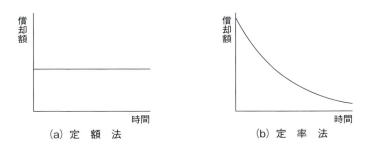

図6-3　減価償却

以下に，具体的な計算方法を示す（平成19年4月1日以降に取得した資産の場合）。

① 定額法

償却限度額＝取得価額 × 定額法の償却率

定額法の償却率は耐用年数に関する省令で規定された値を用い，残存価額が1円になるまで償却を行う。

② 定率法（200%定率法）（平成23年税制改正の場合）

次の二つの式で調整前償却額と償却保証額の金額を求める。

調整前償却額＝期首帳簿価額 × 定率法の償却率

償却保証額＝取得価額 × 耐用年数に応じた保証率

ここで，定率法の償却率，改定償却率，保証率はそれぞれ耐用年数に関する省令で規定された値を用いる。

調整前償却額と償却保証額の金額を比較し，当期の償却限度額を求める。

・調整前償却額≧償却保証額の場合　…　償却限度額＝調整前償却額
・調整前償却額＜償却保証額の場合　…　償却限度額＝改定取得価額 × 改定償却率

ここで，改定取得価額には期首簿価を用い，改定償却率には耐用年数省令で規定された値を用いる。また，残存簿価1円まで償却できる。

(2) 賃 借 料

賃借料とは，土地・建物・機械設備などの使用料（リース料・レンタル料を含む）である。

(3) 保 険 料

保険料とは，建物・機械設備・貯蔵物品などの火災保険料，その他の損害保険料である。

(4) 支払修繕料

支払修繕料とは，外部に支払う修繕料をいう。

(5) 支払電力料金・支払ガス料金・支払水道料金

これらは，外部に支払う電力・ガス・水道に係る料金をいう。

(6) 租 税 公 課

租税公課とは，工場に賦課される固定資産税・自動車税などである。

(7) 厚 生 費

厚生費とは，作業員の医務衛生・保険・慰安などに要する費用である。

(8) そ の 他

その他として，支払運賃・支払保管料・旅費交通費・交際費・棚卸減耗費などがある。

第2節　原　価　計　算

　原価計算は，製品やサービスの原価を計算すること，又は，その方法である。狭義では，工業簿記のシステムに組み込まれており，複式簿記に基づき，製品原価を分類・測定・集計・分析して報告する手続きのことをいう。原価計算の主な手法を，表6－1に示す。

表6－1　原価計算の種類

目　的	用　途	技　法
船舶や特注の機械等，製品ごとの原価集計	受注ごとの損得を把握	個別原価計算
大量生産の原価把握	ある期間の原価を把握	総合原価計算
価格決定・期間損益の計算	製品の販売価格の決定	見積原価計算
原価の管理	実際原価[1]との比較，差異分析	標準原価[2]計算

1 個別原価計算

　個別原価計算は，製品が完成するまでに実際にかかった製造原価を算出する作業で，三つの手続きを経て行われる。

　第1段階は費目別に分類する作業で，第2段階は部門別に分類する作業であり，第3段階は製品別に分類する作業である（図6－4）。

---

1) 　実際原価：実際に生産で使用した部品・材料などの数量，取得した部品・材料などの単価，費やした作業時間を積算した原価のことをいう。原価管理（予実差の原因を追求し，対策を講じること）を行うためには，標準原価計算との併用が必要である。
2) 　標準原価計算：過去の実績値や見積値をもとに，生産に使用するであろう部品・材料などの数量，材料などの予定取得単価，掛かると思われる作業時間を積算した原価計算法をいう。
　　財務会計上は，実際原価計算で算出した値が使われるため，財務システムと連動するときは，実際原価計算との併用が必須となる。

第6章　製造原価と原価計算

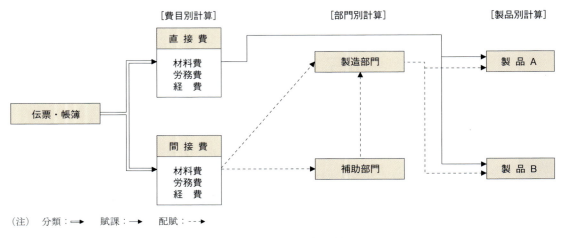

図6－4　個別原価計算

a．費目別原価計算

　費目別原価計算は，原価計算期間における製造原価を，直接費，間接費に区分し，どの費目に，どれだけ消費されたかを集計する。
(1) 材料費の算出
　材料費は消費数量に消費単価を掛けて求める。工場消耗品費は，原価計算期間の買入額をそのまま消費額とみなして引き当てる。
(2) 労務費の算出
　直接労務費は，直接作業時間に消費賃率を掛けて求める。間接労務費は，原価計算期間の支払額を引き当てる。
(3) 経費の算出
　直接経費（外注加工費・設計費・試作費など）は製造指図書番号に従って集計し，間接経費は経費を4種類（支払経費・月割経費・測定経費・発生経費）に分類し，それぞれ原価計算期間の消費高を引き当てる（図6－5）。

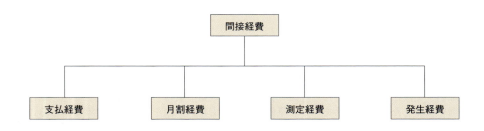

図6－5　間接経費の分類

（a）支払経費

　支払経費とは，実際の支払額を，そのまま消費高とする経費で，支払修繕料・厚生費・支払運賃・支払保管料などがこれに当たる。

（b）月割経費

　月割経費とは，1年又は数カ月単位で一括して支払う経費で，減価償却費・賃借料・保険料・固定資産税などがあり，月割で消費高を求める。

（c）測定経費

　測定経費は，計器で測定し消費高が求められる経費で，電力料金・ガス料金・水道料金などがこれに当たる。

（d）発生経費

　発生経費は棚卸減耗費や仕損費などをいい，実際に発生したロス金額を消費高とする。実務上は簡略化を狙い，実績を基礎として予定額を計上する。

ｂ．部門別原価計算

　部門別原価計算は間接費を製造直接部門に配賦する手続きで，三つの段階を踏んで実施する。第1段階は間接費の原価費目を原価発生部門に分類し，第2段階は共通費を個別部門に配賦し，第3段階は補助部門費（検査・資材・事務など）を製造直接部門に配賦する（図6－6）。

原価部門　間接費	製造部門			補助部門			
	1 課	2 課	（共　通）	検　査	資　材	事　務	（共　通）
部門個別費（1）	○	○	（△）	○	○	○	（▲）
間接材料費	○	○	（△）	○	○	○	（▲）
間接労務費	○	○	（△）	○	○	○	（▲）
間接経費	○	○	（△）	○	○	○	（▲）
部門共通費（2）	△	△		▲	▲	▲	
部門費（1）＋（2）	◬	◬		◬	◬	◬	
補助部門費（3）	◬	◬					
検　査	◬	◬					
資　材	◬	◬					
事　務	◬	◬					
製造部門費	◬	◬					
（1）＋（2）＋（3）	◬	◬					

（注）　○：原価部門個別費，△：製造部門共通費，▲：補助部門共通費，◬：製造部門個別費＋共通費
　　　◉：補助部門個別費＋共通費，◬＋◉：製造直接部門費（共通費，補助部門費含む）

図6－6　部門別原価計算の手続き

— 127 —

c．製品別原価計算

製品別原価計算は，製品1個当たりの単位原価を算出する手続きである。直接材料費・直接労務費・直接経費の直接費は製品（製造指図書）に直接賦課し，間接費（間接材料費・間接労務費・間接経費）は配賦基準をもって製品（製造指図書）に配賦を行う（図6−7）。

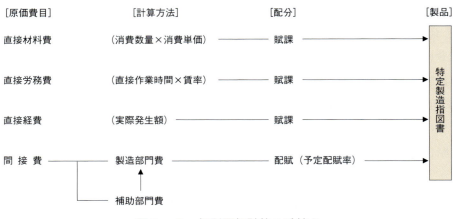

図6−7　個別原価計算の手続き

2 総合原価計算

総合原価計算は，大ロット生産や連続生産で用いられる。原価計算期間の生産量及び製造原価を求め，生産量で割って単位原価を算出する。総合原価計算では，月末仕掛品の原価算定が重要な要素である（図6−8）。

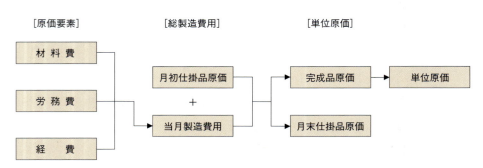

図6−8　単純総合原価計算

a．総合原価計算の種類

総合原価計算の中で最も単純な計算法は，単純総合原価計算であり，単一品種・単一工程

の場合に適用される。生産量が複数品種になると，製品別の単位原価が必要となり，組別総合原価計算が適用される。工程別の工程原価をみる場合，工程別総合原価計算が適用される（図6－9）。

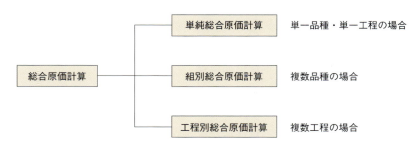

図6－9　総合原価計算の種類

b．単純総合原価計算の計算例

単純総合原価計算の手続きに従って，単位原価を算出する（前掲の図6－8，表6－2）。

原価の配分方法として，平均法[3]と先入先出法[4]等があるが，ここでは平均法で算出する。

(1) 総製造費用

原価計算期間を1カ月とする。その月に発生した原価費目（直接材料費・間接材料費・労務費・経費）を集計し，当月製造費用を求める。月初仕掛品原価を加えて総製造費用とする。

(2) 月末仕掛品原価（直接材料費）

直接材料費の月末仕掛品原価を算出する。

$$月末仕掛品直接材料費 = （月初仕掛品直接材料費 + 当月直接材料費） \times \frac{月末仕掛品数量}{完成品数量 + 月末仕掛品数量}$$

$$= （770 千円 + 7,940 千円） \times \frac{110,000 個}{738,000 個 + 110,000 個} = 1,130 ［千円］$$

(3) 月末仕掛品原価（加工費）

加工費[5]の月末仕掛品原価を完成品換算数量で算出する。加工の進捗度は50％とする。

$$月末仕掛品加工費 = （月初仕掛品加工費 + 当月加工費） \times \frac{月末仕掛品完成品換算数量}{完成品数量 + 月末仕掛品完成品換算数量}$$

---

[3] 平均法：月初仕掛品と当月投入分が平均して完成していくものと仮定して，完成品原価と月末仕掛品原価とを算出していく方法。

[4] 先入先出法：製造を開始したものから順次完成していくものと仮定して，完成品原価と月末仕掛品原価とを算出していく方法。

[5] 加工費（労務費や経費など）については，製造工程で順次投入されると仮定し，実際の製造量にそれぞれの加工進捗度を乗じた完成品換算数量をもとに平均単価を算定し，平均単価に当月投入高と月末仕掛品の完成品換算数量を乗じてそれぞれの原価を算定する。

第6章　製造原価と原価計算

$$= (740 \text{ 千円} + 7,660 \text{ 千円}) \times \frac{110,000 \text{ 個} \times 0.5 \text{ 個}}{738,000 \text{ 個} + 110,000 \text{ 個} \times 0.5 \text{ 個}}$$

$$= 583 \text{ [千円]} \fallingdotseq 580 \text{ [千円]}$$

（4）完成品原価

総製造費用から月末仕掛品原価を差し引いて，完成品原価を求める。

完成品原価＝総製造費用－月末仕掛品原価

$$= 17,110 \text{ 千円} - (1,130 \text{ 千円} + 580 \text{ 千円}) = 15,400 \text{ [千円]}$$

（5）単 位 原 価

完成品原価を完成品数量で割って，単位原価を求める。

単位原価＝完成品原価 ÷ 完成品数量

$$= 15,400 \text{ [千円]} \div 738,000 \text{ [個]} = 20.9 \text{ [円／個]}$$

表6－2　単純総合原価計算表

単純総合原価計算表 平成　　年　　月		
費　　　　　目		**金　　額**
直接材料費　　（1）		7,940 千円
加 工 費　　（2）＝（3）＋（4）＋（5）		7,660
間接材料費　（3）		250
労 務 費　（4）		3,030
経　　　費　（5）		4,380
当月製造費用　（6）＝（1）＋（2）		15,600
月初仕掛品原価（7）		1,510
総製造費用　　（8）＝（6）＋（7） 　　　　　　　　＝（9）＋（10）		17,110
月末仕掛品原価（9）		1,710
完成品原価　　（10）		15,400
完成品数量　　（11）		738,000 個
単位原価　　　（12）＝（10）÷（11）		20.9 円

3 見積原価計算

　事前原価計算には見積原価計算と標準原価計算があり，計算方法はほぼ同じである。見積原価は，実際に生産すればいくらになるかを見積もるもので，標準原価は標準の原価水準で

— 130 —

計算を行う（図6-10）。

図6-10　見積原価計算

a. 材 料 費

　材料費は，1個当たりの材料消費量を見積もり，予定価格の材料単価を掛ける。予定価格の材料単価表は，基礎資料としてあらかじめ準備しておく必要がある。

b. 加 工 費

　加工費は，1個当たりの加工時間を見積もり，あらかじめ決めておいた加工費レートを掛ける。

　加工時間の見積もりは，類似品を見つけ，類似品を基準に類推する方法がとられる。詳細な見積もりでは実態調査が行われる。

c. 見 積 原 価

　材料費に加工費を加えると，単位原価が算出される。

第7章

生産工学概論

運搬管理

第7章　運搬管理

　　運搬管理には「運搬」だけでなく積み降ろしなどの荷役，
運搬用の包装，貯蔵などが含まれる。生産における運搬は
各工程をつなぐパイプ役で，原材料の調達などにも用いら
れる。原材料の調達においても移動を必要とするため，こ
れを物的流通（物流）の一部に含め，原材料投入から品物
を完成させるまでの過程を物流管理と呼ぶこともある。運
搬には費用が掛かり，また運搬途上で品物が損なわれるこ
ともあるため，運搬の発生を最小限にとどめることが重要
で，その方法は極力合理化しなければならない。

第1節　運搬管理の概要

　運搬作業を合理化するためには「楽に」「確実に」「速く」，そして「安く」という要求を満たすことが求められる。これらのことは次のようにいい表される。
　① 人にやさしい運搬手段であり，安全性が高く疲労度が軽い。
　② 運搬途上で，きずが発生したり品物が落下したりしない。
　③ 運搬距離が短く，運搬時間が速い。
　④ 運搬手段が自動化され，手間をあまり要しない。
　以上のことを具現化するためには「ものの移動」や「ものの取扱い」に目を向けるだけでは不十分であり，品物の保管状況や工程の配置状況，運搬ロットの大きさ等，運搬に密接に関連する事項も含めて，総合的に検討していかなければならない（図7－1）。

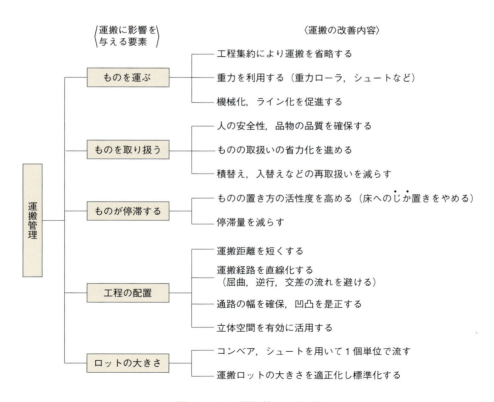

図7－1　運搬管理の概要

第2節　運搬機器

　運搬方法は移動の主体の違いにより，三つに大別される。一つめは人力による方法，二つめは重力・慣性力による方法，三つめは動力による方法である。移動は荷台・容器などの運搬補助具と一体となって進められる。

1 人力による移動

　人が運搬物を直接手に持って運んだり，運搬車を手で押して移動する方法をいう。手押車（ハンドトラック），台車などを指す（図7－2）。

図7－2　ハンドパレットトラックの例
出所：トラスコ中山（株）

2 重力・慣性力による移動

　重力・慣性力を利用し，運搬物を滑らせて移動する装置をいう。
シュート，ローラコンベアなどを指す（図7－3）。

図7-3　シュートとデジタルピッキング[注]システムを組み合わせた集荷場の例

出所：(株)ダイフク

3 動力による移動

　動力を利用し、移動する方法をいう。コンベア、クレーン、昇降機、車両、無人搬送車などに分けられる。

a．コンベア

　一定の速度で連続的に運搬物を移動する装置をいう。

　ベルトコンベア、チェーンコンベア、ローラコンベアなどがこれに当たる（図7-4）。

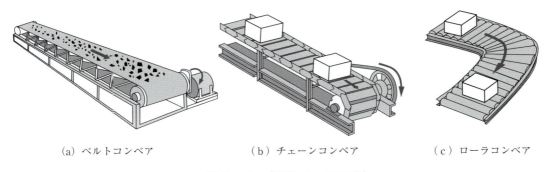

　　（a）ベルトコンベア　　　　　（b）チェーンコンベア　　　　　（c）ローラコンベア

図7-4　各種コンベアの例

注）デジタルピッキング：工場の組立ラインや物流センター等の仕分け効率をアップさせ、ピッキング時のミスを低減する物流支援システムである。在庫部品ごとのレーンにデジタル表示器を取り付け、パソコンにあらかじめ入力したピッキングデータを基に、デジタル表示器に指示を出しランプの点灯と指示数量を表示する。作業者はその表示器のランプが点灯しているところから指定数量、商品を取り出す。

第7章 運搬管理

b．クレーン

重量物を上下方向，水平方向に移動する装置をいう。

天井クレーン，ジブクレーン，スタッカクレーンなどを指す（図7－5）。

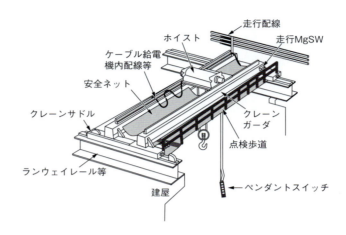

図7－5　天井クレーンの例

出所：(株) 日立産機システム

c．昇降機

運搬物を昇降させる装置をいう。

業務用エレベータ，ホイスト，リフトなどを指す（図7－6）。

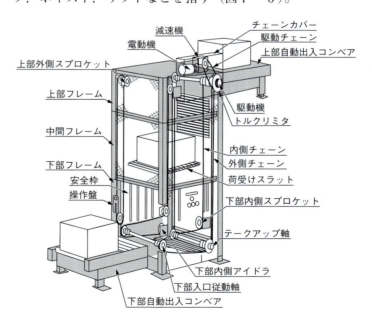

図7－6　連続垂直搬送機の例

出所：(株) ジャロック

d. 車　　両

人が運転する操縦形と遠隔操作による方法とがある。

(1) 操　縦　形

フォークリフト，構内運搬車などを指す（図7-7）。

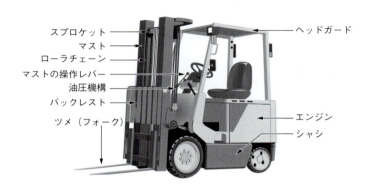

図7-7　フォークリフトの例

(2) 遠 隔 操 作

遠隔操作による方法は無人搬送車と呼ばれ，床面の軌道を走行する軌道車両とプログラムによって経路を選択できる無軌道車両とがある。無人搬送車はFMSの搬送方法として利用されている（図7-8）。

近年，マルチコプター型のドローンが開発され，無線による遠隔操作だけでなく，GPSを利用してあらかじめ指定したルートを自律的に飛行させることもできることから，物資の運搬に活用され始めている（図7-9）。

図7-8　無人搬送車による運搬の例
出所：(株) ダイフク

図7-9　ドローンの例

4 運搬補助具

運搬物を置く荷台・容器などの補助具をいう。
パレット，スキッド，コンテナなどを指す（図7－10）。

図7－10　パレットとコンテナの例
出所：三甲（株）

第8章

生 産 工 学 概 論

職 場 規 律

第8章　職場規律

　　工場は多くの人が仕事を分担し目標達成に向けて努力している。ところであり，業績を高め職場の秩序を維持していくためにも守っていかなければならないきまりがある。このきまりのことを職場規律という。職場規律には会社が定めた制度（規定やマニュアルなど）を守っていくという側面と，どこの工場でも守っていかなければならない常識的な職場規律というものがある。

第1節　就 業 規 則

　就業規則とは，それぞれの会社における従業員の賃金や労働時間などの労働条件に関する具体的な細目や，職場規律，その他就業者に適用される各種の定めを含む規則のことである。

　就業規則は，一般的に次のような内容で構成されている（図8－1）。

```
①  総則（前文）
②  採用及び配置
③  勤務及び休息時間
④  休日及び休暇
⑤  賃金及び退職金
⑥  休職及び退職
⑦  服務規律
⑧  表彰及び制裁
⑨  福利厚生及び教育
⑩  安全及び衛生
⑪  災害補償
附則
```

図8－1　就業規則の例

　上記のうち，職場における規律行動を記載したものに服務規律がある。服務規律には次のような内容が盛り込まれている。

①　会社の機械設備，什器備品を大切に扱うこと。

②　職場の整理整頓に努めること。

③　勤務中は職務に専念し，みだりに職場を離れないこと。

④　勤務時間にほかの作業者の作業を妨害しないこと。

⑤　始業時刻前に出勤し，就業の準備をすること。

⑥　退勤するまでに，治工具，計測器，書類などを後始末しておくこと。

⑦　欠勤するときは，所定の手続きにより事前に所属長に届け出なければならない　など。

— 143 —

第2節　常識的な職場規律

　　日常の生産活動を円滑に進めるためには，成文化された職場規律を守るだけでは不十分であり，職場内のコミュニケーションやマナーを良くしたり，しつけを徹底したりという，自主的な職場運営が求められる。以下に，常識的な職場規律の主なものを挙げる。

1 出勤時，始業時

① 余裕を持って出勤し，決められた服装で職場に入る。
② 顔を合わせたら明るく朝の挨拶をする。
③ 朝礼に参加し，その日の仕事の確認を行い，朝礼後は直ちに作業配置に付く。
④ 始業時における機械設備の点検，注油を励行する。

2 作　業　中

① 標準作業をよく守り，不良品を出さない。
② 安全状態を維持し，安全ルールを守って安全行動に徹する。
③ 工程の流れが平準化するよう，前後工程が助け合って作業を進める。
④ その日の仕事はその日に仕上げる。
⑤ 作業時間と休憩時間のケジメを付け，休憩終了の合図とともに直ちに作業配置に付く。

3 終業時，退勤時

① 作業終了の合図があるまで作業を続ける。
② 作業終了後は後始末を行い，併せて翌日の準備も実施する。
③ 終礼に参加して当日の実績報告を行い，職場で発生した問題点などについて確認する。

規格等一覧

（　　）内は本教科書の該当ページ

○参考規格一覧

1．JIS Q 9001：2015「品質マネジメントシステム－要求事項」（78）

2．JIS Z 8141：2001「生産管理用語」（52）

3．ISO 9001：2015「品質マネジメントシステム－要求事項」（77）

4．ISO 9004：2009「組織の持続的成功のための運営管理－品質マネジメントアプローチ」（77）

5．ISO 14001：2015「環境マネジメントシステム－要求事項及び利用の手引」（115）

6．ISO 14004：2016「環境マネジメントシステム－実施の一般指針」（115）

7．ISO 14015：2001「環境マネジメント－用地及び組織の環境アセスメント」（115）

8．ISO 14020：2000「環境ラベル及び宣言－一般原則」（115）

9．ISO 14021：2016「環境ラベル及び宣言－自己宣言による環境主張（タイプⅡ環境ラベル表示」（115）

10．ISO 14024：2018「環境ラベル及び宣言－タイプⅠ環境ラベル表示－原則及び手順」（115）

11．ISO 14025：2006「環境ラベル及び宣言－タイプⅢ環境宣言－原則及び手続」（115）

12．ISO 14031：2013「環境マネジメント－環境パフォーマンス評価－指針」（115）

13．ISO 14040：2006「環境マネジメント－ライフサイクルアセスメント－原則及び枠組み」（115）

（　　）内は本教科書の該当ページ

○引用文献・協力企業等一覧（五十音順）

・「IE 7つ道具」実践経営研究会編，日刊工業新聞社，1993，p124，図4.7（一部加筆）（64）

・「絵で見てわかる工場管理・現場用語事典」『絵で見てわかる工場管理・現場用語事典』編集委員会編，日刊工業新聞社，1998，p7，下図（82）

・環境省（ウェブサイト）（116）

・株式会社ジャロック（ウェブサイト）（138）

・株式会社ダイフク（ウェブサイト）（137，139）

・株式会社日立産機システム（ウェブサイト）（138）

・「現場のIE テキスト（下）」石原勝吉著，日科技連出版社，1978，p190，表13.5（68）

・「工程管理の実際―第4版」並木高矣編，日刊工業新聞社，1964，p16，第1・2表（一部加筆）／p17，第1・3表（一部加筆）（30）

・三甲株式会社（140）

・「社内標準の作成と活用」松川安一ほか編，日本規格協会，1993，p335（72）

・総務省「日本標準産業分類」平成25年10月改定（16）

・トラスコ中山株式会社（品番：THP30612）（136）

・日本産業標準調査会（経済産業省）（80）

・「入門 生産マネジメント　その理論と実際」平野健次著，日科技連出版社，2018，p90，図表3.15（40）

・農林水産省（80）

・「まるごと工場コストダウン事典」五十嵐瞭編，日刊工業新聞社，1991，p123，図1（81）

○参考文献 （五十音順）

・「一級技能士コース　機械加工科」職業能力開発総合大学校 基盤整備センター編，1996

・株式会社日本能率協会コンサルティング　ウェブサイト内「用語集」

・「環境マネジメントシステム導入マニュアル」埼玉県商工部産業政策課編，埼玉県商工部，1997

・「原価計算基準入門」西澤脩著，税務経理協会，1993

・「現代オペレーションズ・マネジメント」圓川隆夫著，朝倉書店，2017

・「オペレーションズ・マネジメントの基礎」圓川隆夫著，朝倉書店，2009

・「現場のIE手法：わかりやすい解説と演習」池永謹一著，日科技連出版社，1971

・「現場のIEテキスト（上）」石原勝吉著，日科技連出版社，1978

・「現場の管理・改善（基礎編）」広瀬一夫著，日科技連出版社，1977

・「工程管理（Ⅰ）教材情報資料No.38」雇用促進事業団職業能力開発大学校研修研究センター編，1995

・「工程管理（Ⅱ）教材情報資料No.39」雇用促進事業団職業能力開発大学校研修研究センター編，1996

・「図解　品質管理用語辞典」佐々木脩・谷津進編著，日刊工業新聞社，1990

・「図説　機械用語事典」岡野修一ほか著，実教出版，1987

・「生産革新のためのTPM展開プログラム」日本プラントメンテナンス協会編，1982

・「生産管理」並木高矣著，丸善，1977

・「生産管理　基礎（Ⅰ）教材情報資料No.16」雇用促進事業団職業能力開発大学校研修研究センター編，1994

・「生産管理　基礎（Ⅱ）教材情報資料No.32」雇用促進事業団職業能力開発大学校研修研究センター編，1995

・「生産工学用語辞典」並木高矣・遠藤健児編著，日刊工業新聞社，1989

・「誰でもわかる原価計算」溝口一雄著，中央経済社，1989

・「中小企業のためのISO 9000シリーズ認証取得マニュアル」東京都商工指導所工業部編，1999

・「入門トヨタ生産方式」石井正光著，中経出版，2005

・「はじめて読む　原価計算の本」城戸宏之・粕谷和生共著，日本実業出版社，1992

索　引

アルファベット・数字

ISO 9000 シリーズ	77
ISO 14000 シリーズ	115
JIS（日本産業規格）	76，79
TPM（Total Production Maintenance）	108
QC 七つ道具	84
5 S 活動	50，69
5 W 1 H	63，95
7 つのムダ	50，70

あ行

運搬管理	134
運搬機器	136
運搬分析	53

か行

加工作業	12
稼働分析	65
環境保全	114
間接費	121
観測法	71
機械工業	12
機械設備	19，88
キャッシュフロー	101
組立作業	12
経済計算	100
経費	123
原価計算	125

検査項目〜

検査項目	94
検査数量	92
検査と再発防止	92
検査場所	93
公害防止	113
工場	8，15
工数計画	32
工程系列	92
工程分析	51
国際規格	76
個別原価計算	125

さ行

在庫管理	44
再発防止	94
材料	8，21
材料計画	31
材料費	121
材料・部品	89
作業研究	50
作業動作分析	59
作業統制	41
作業標準	71
作業分配	38
作業方法	23，50
時間分析	62
資源	8
事後処理	43

自主保全 …………………………… 106	
社内標準 ………………………………… 80	
正味現在価値法 ……………………… 101	
生産 ……………………………………… 8	
生産計画 ……………………………… 10，29	
生産手配 ……………………………… 11，36	
生産統制 ………………………………… 38	
生産保全 ……………………………… 108	
製造 ……………………………………… 9，12	
製造原価 ……………………………… 121	
製品検査 ………………………………… 9，14	
製品工程分析 …………………………… 51	
製品在庫 ………………………………… 14	
設計 ……………………………………… 10	
設計図 …………………………………… 10	
設備環境管理 ………………………… 111	
設備管理 ………………………………… 98	
設備効率 ……………………………… 103	
設備投資 ………………………………… 99	
設備保全 ……………………………… 103	
総合原価計算 ………………………… 128	

た行

直接費 ………………………………… 121
チョコ停 ……………………………… 104
適正在庫 ………………………………… 47
手順計画 ………………………………… 29
動作分析 ………………………………… 59

な行

日常業務 ………………………………… 44
日程計画 ………………………………… 34

は行

配置分析 ………………………………… 55
人 ………………………………………… 18
標準時間 ………………………… 32，50，71
品質管理 ………………………………… 83
品質保証 ………………………………… 77
分業化 …………………………………… 16

ま行

見積原価計算 ………………………… 130
見積法 …………………………………… 71

ら行

ラインバランス分析 …………………… 57
労働安全衛生 ………………………… 111
労務費 ………………………………… 122

委 員 一 覧

平成13年3月
〈改定委員〉 　市川　和夫　　市川経営ブレーン

（委員名の所属は執筆当時のものです）

職 業 訓 練 教 材
生 産 工 学 概 論

厚生労働省認定教材	
認定番号	第58451号
改定承認年月日	平成31年2月1日
訓練の種類	普通職業訓練
訓練課程名	普通課程

昭和53年2月　　　初版発行
平成 6 年 2 月　　　改定初版 1 刷発行
平成13年3月　　　改定 2 版 1 刷発行
平成31年3月　　　改定 3 版 1 刷発行
令和 7 年 2 月　　　改定 3 版 6 刷発行

編　集　　独立行政法人 高齢・障害・求職者雇用支援機構
　　　　　　職業能力開発総合大学校 基盤整備センター

発行所　　一般社団法人 雇用問題研究会
　　　　　　〒103-0002 東京都中央区日本橋馬喰町 1-14-5 日本橋Ｋビル2階
　　　　　　電話 03(5651)7071（代表）　FAX 03(5651)7077
　　　　　　URL　https://www.koyoerc.or.jp/

印刷所　　竹田印刷株式会社
　　　　　　　　　　　　　　　　　　　　　　　　　111009-25-21

本書の内容を無断で複写，転載することは，著作権法上での例外を除き，禁じられています。
また，本書を代行業者等の第三者に依頼してスキャンやデジタル化することは，著作権法
上認められておりません。
なお，編者・発行者の許諾なくして，本教科書に関する自習書，解説書もしくはこれに類
するものの発行を禁じます。

ISBN978-4-87563-423-2